(Teste da Paixão)

Janet Bray Attwood & Chris Attwood

Teste da Paixão

"Há dois grandes dias na vida
de uma pessoa – o dia em que ela nasce
e o dia em que descobre por que nasceu."

SEXTANTE

Título original: *The Passion Test*

Publicado originalmente por Hudson Street Press, uma divisão do grupo Penguin (EUA).

tradução
Juliana Lemos

preparo de originais
Regina da Veiga Pereira

revisão
Ana Lúcia Machado, Sérgio Bellinello Soares e Sheila Til

projeto gráfico e diagramação
DTPhoenix Editorial

capa
Raul Fernandes

pré-impressão
ô de casa

impressão e acabamento
Cromosete Gráfica e Editora Ltda.

CIP-BRASIL. CATALOGAÇÃO-NA-FONTE
SINDICATO NACIONAL DOS EDITORES DE LIVROS, RJ

A897t Attwood, Janet Bray
O teste da paixão / Janet Bray Attwood e Chris Attwood [tradução de Juliana Lemos]. – Rio de Janeiro: Sextante, 2008.

Tradução de: The passion test
ISBN 978-85-7542-406-3

1. Auto-realização (Psicologia). 2. Sucesso – Aspectos psicológicos. I. Attwood, Chris. II. Título.

CDD: 158.1
08-2052 CDU: 159.947

GMT Editores Ltda.
Rua Voluntários da Pátria, 45 – Gr. 1.404 – Botafogo
22270-000 – Rio de Janeiro – RJ
Tel.: (21) 2286-9944 – Fax: (21) 2286-9244
E-mail: atendimento@esextante.com.br
www.sextante.com.br

Senhor,
Obrigado por cada momento de nossas vidas.
Obrigado por tudo o que nos destes.

Somos o que somos por Vossa causa.
O que fazemos, pensamos, temos ou sentimos
Devemos a Vós.

Que nós sejamos veículos
Para as Vossas palavras.
Usai-nos como desejar.
Somos Vossos humildes servos
Que atravessam esse caminho de mãos dadas Convosco.

Que as palavras nestas páginas
Toquem o coração de todos aqueles que anseiam
Unir-se a Vós.
Que elas inspirem cada um de nós
A aliar nossas vidas a Vós e à Vossa vontade.

Oferecemos tudo o que temos
Em gratidão,
Curvando-nos em Vossa presença.

"Há dois grandes dias
na vida de uma pessoa –
o dia em que ela nasce
e o dia em que descobre por que nasceu."

– William Barclay,
teólogo e escritor escocês,
1907-1978

Sumário

Prefácio

Você às vezes se sente sem ânimo e frustrado com a própria vida? Nesses momentos acha que seus sonhos nunca vão se realizar? Alegre-se, pois este livro vai mudar isso.

Imagino que você saiba que viver de forma apaixonada é a chave para uma vida plena e feliz. No entanto, a maioria das pessoas tem dificuldade em descobrir qual é sua paixão.

Muitas vezes eu digo: "O principal motivo que leva as pessoas a não conseguir o que querem é não saber o que querem."

Por isso eu lhe ofereço o Teste da Paixão. Ele o ajudará a começar a descobrir, da maneira mais fácil e clara possível, o que deseja. Ao fazer a sua lista das 10 ou 15 qualidades do seu ideal de vida, ficará surpreso ao perceber o que é realmente importante para você.

A clareza é essencial para o sucesso. Ela leva ao poder – o poder de agir –, que é a base da realização, da satisfação e da felicidade na vida. Sem uma direção clara, você fica paralisado ou correndo em círculos. Pior ainda, talvez nunca desenvolva todo o seu potencial por não ousar empenhar-se totalmente.

Não é qualquer direção que serve, e aí reside o desafio. Cada um de nós é único. Cada um de nós tem algo de especial a oferecer ao mundo. Cada um de nós tem seus dons e talentos naturais.

Para sermos de fato felizes, precisamos usar nossas características únicas para trazer uma contribuição para a vida de outras pessoas.

O Teste da Paixão que você fará à medida que for lendo este livro o ajudará a descobrir o seu dom único. Cabe a você decidir se vai partilhá-lo com os outros.

O melhor que posso desejar é a sua liberdade.

T. Harv Eker
Presidente e diretor executivo da Peak Potentials Training
e autor de *Os segredos da mente milionária*

O Teste da Paixão

– Como foi a sua viagem? – perguntou Chris.

– Sem sombra de dúvida, foi a melhor e mais fantástica experiência de toda a minha vida – respondeu Janet.

– O que houve?

Uma expressão de perplexidade estampou-se no rosto de Janet.

– Devo estar louca! – disse ela.

Você conhecerá a incrível história de Janet antes do fim deste livro.

Mas, primeiro...

Introdução

O que significa uma vida apaixonada? Uma vida excitante, emocionante, entusiasmada, cheia de propósito, focada, motivada, gratificante, divertida, fácil, alegre, sem limites. Significa viver de acordo com o nosso destino.

É claro que todos nós gostaríamos de sentir que nossas vidas têm um propósito. Todos queremos sentir entusiasmo com o que fazemos no cotidiano, todos queremos amar a própria vida e sentir que estamos de algum modo dando a nossa contribuição para o mundo que nos cerca.

Mas como descobrir qual a sua verdadeira paixão? É disso que trata este livro.

Antes de começar, queremos conversar com você sobre algumas questões:

1. A chave para criar qualquer coisa que você quiser na sua vida.
2. Um pouco sobre quem somos.
3. O "trabalho interior" através do qual este livro o guiará e por que ele é essencial para o seu sucesso.
4. Qual a relação entre destino e paixão.

Então, vamos lá.

Intenção - Atenção - Nenhuma tensão

Foi nosso amigo e conselheiro Bill Levacy quem nos transmitiu isso. Recomendamos que você faça dessas palavras o seu mantra. É a essência do que é necessário para criar qualquer coisa na sua vida.

Intenção – Formular conscientemente o que você escolhe criar em sua vida é o primeiro passo para manifestar a sua escolha.

Atenção – Concentre-se no que você escolhe criar na vida, e o seu desejo começará a se realizar.

Nenhuma tensão – Quando você se abre ao que acontece no momento presente, permite que a vontade de Deus se manifeste por meio de você. Mas quando se apega fortemente às suas idéias sobre como as coisas devem ser, você bloqueia o fluxo da vida, impedindo-o de desfrutar a realização de seu destino pessoal.

Quem somos nós?

Se estivéssemos no seu lugar, estaríamos nos perguntando: quem são essas pessoas que ficam me dizendo como devo viver a minha paixão?

Janet foi gerente de cozinha em hotéis para milhares de pessoas na Espanha e na Itália. Tornou-se a vendedora mais bem-sucedida em diversos empregos e teve duas empresas, que foram eleitas entre as 10 melhores em suas áreas de atuação. Trabalhou numa empresa de treinamento, ministrando cursos motivacionais de grande sucesso. Foi gerente da divisão de telemarketing da Books are Fun, a terceira maior compradora de livros dos Estados Unidos, vendida para a Reader's Digest por 360 milhões de dólares.

Em sua carreira, Chris foi presidente, gerente-geral e diretor de operações em 10 diferentes empresas. Em 1981, depois de se tornar presidente de uma revendedora de títulos do governo, decidiu seguir sua paixão e afastou-se durante 10 anos para explorar a consciência humana e estudar a tradição védica da Índia.

Nós dois levamos uma vida de prática espiritual. A meditação sempre foi a base de nossas vidas.

Em determinados momentos Janet seguiu seus sonhos, desviou-se desse caminho, perseguiu novamente seus sonhos e voltou a sair diversas vezes. Chris passou pelas mesmas experiências. Esse vaivém que aconteceu com eles é comum à maioria das pessoas, mas algumas ficam fora do caminho a vida inteira. Na esperança de que possamos ajudar você a voltar para o seu caminho, ou se firmar naquele que está seguindo, escrevemos este livro.

Em novembro de 2000, Janet recebeu um telefonema de seu amigo Mark Victor Hansen, co-autor da série de enorme sucesso *Histórias para aquecer o coração*. Na ligação, Mark lhe disse: "Estou trabalhando num novo livro com Robert G. Allen, que escreveu o best-seller *Nothing Down* (Não pague nada), sobre mercado imobiliário. Quero que você trabalhe conosco na publicidade desse novo livro."

Nem é preciso dizer que Janet ficou animadíssima. Mark explicou o que tinha em mente e pediu que ela mandasse um plano de negócios dentro de três dias. Janet descreve como se sentiu:

> "Quando Mark falou do planejamento, eu caí das nuvens. Não é isso o que eu faço, pensei. Foi naquele momento que tive a inspiração.
>
> Mesmo depois do divórcio, meu ex-marido, Chris, e eu continuamos a ser ótimos amigos. Chris tem mestrado em administração e é ótimo em planejamento. Como nossas habilidades são complementares, achei que poderíamos fazer aquele projeto juntos.
>
> Liguei para ele na Califórnia, expliquei a situação e perguntei se podia me ajudar a bolar um plano de negócios nos próximos três dias. Chris adorou a idéia de trabalhar com

Mark e Bob, mas disse que precisaria de pelo menos três semanas para elaborar um plano estratégico.

Resolvi apelar: "Será que você não pode fazer isso como um presente de Natal para mim?"

Chris acabou concordando em fazer o esboço de um plano que poderia nos guiar na próxima conversa com os autores.

Esse foi o começo de uma parceria maravilhosa. Chris e eu trabalhamos durante um ano com Mark e Bob criando o Enlightened Millionaire Program, o programa de treinamento com duração de um ano que concebemos com base no plano promocional para ajudar a vender o livro.

Ao trabalhar com centenas de pessoas naquele programa, mais uma vez descobri o que significa ter uma vida apaixonada."

Naquele ano começamos a divulgar o Teste da Paixão e descobrimos que ele exercia um efeito profundo sobre as pessoas. Já o aplicamos em milhares de pessoas em diferentes partes do mundo, e é maravilhoso constatar o impacto que ele tem sobre a vida delas. Eis alguns exemplos:

> "Foi só depois que fiz o Teste da Paixão que descobri que uma das minhas cinco maiores paixões era viajar para o exterior com meus filhos. Dois dias depois de fazer o Teste e de descobrir quais eram minhas paixões, recebi um e-mail de amigos nos convidando para viajar até Tonga no barco deles para participar de um filmagem sobre baleias. Fiquei absolutamente maravilhada! Janet tinha razão quando disse: 'Aquilo em que você concentra a sua atenção se torna mais forte na sua vida.' Recomendo o Teste da Paixão para todos aqueles que quiserem ter suas paixões manifestadas o mais rápido possível!"
>
> – *Dr. Jacalyn Buettner*

"Eu ganhara o Oscar de melhor diretor de curta-metragem, mas tinha perdido completamente o rumo. Estava dirigindo comerciais com bebês para fabricantes de brinquedo. As palestras do Teste da Paixão me fizeram retomar o trabalho que amo apaixonadamente, que é provocar mudanças através de meus filmes. Agora, um ano depois, meu sonho concretizou-se. Além de estar produzindo sete filmes, estou prestes a dirigir o meu primeiro longa. Trabalho com pessoas maravilhosas e nunca me senti tão feliz e realizado."

– Jeffrey Brown

Na primeira parte deste livro contamos de que forma Janet está realizando uma de suas paixões. Preste atenção às lições contidas nessa história porque elas serão essenciais para ajudar você a realizar o seu próprio destino.

Trabalhando o interior

Na nossa revista online *Healthy Wealthy nWise* (Saudável, rico e sábio) entrevistamos todos os meses famosos professores da área de transformação pessoal. Muitos desses mestres comentaram em suas entrevistas que a maioria das pessoas não quer abandonar suas ocupações diárias e reservar o tempo necessário para fazer seu "dever de casa interno". A maioria não consegue parar o que está "fazendo", com medo de deixar de ter dinheiro para viver, cuidar da família, pagar o aluguel, etc.

Os mestres de excelência lhe dirão que os melhores resultados não se criam no nível do "pensar" ou do "fazer", e sim mergulhando fundo em si mesmo e recorrendo à fonte infinita de criatividade e inteligência que existe dentro de todos nós.

Neste livro iremos partilhar com você alguns conhecimentos necessários para ter uma vida plena em todos os níveis: pessoal, emocional, espiritual, físico/material. Você irá se divertir bastante, porque acreditamos que só vale a pena fazer algo se for com alegria e bom humor.

Convidamos então você a brincar conosco, sonhando e imaginando a sua vida apaixonada à medida que for completando os exercícios que lhe apresentamos.

O que é o destino pessoal? Eu tenho um?

É claro que tem. Todos nós temos. Pense um pouco. Nenhuma pessoa no planeta é exatamente igual a outra. Você é uma pessoa única. Tem dons que ninguém mais possui. E você possui esses dons porque tem um papel importante a desempenhar no mundo. Para isso precisa dar um pouco de si e partilhar seus dons.

Ao desempenhar esse papel, você está vivendo o seu destino pessoal. Quando está em harmonia com o seu destino, a sua vida é alegre, encantadora, cheia de entusiasmo e gratificação.

As suas paixões são o que há de mais profundamente importante para você. São elas que o deixam animado, feliz, cheio de alegria.

As pessoas que você ama estão ligadas às suas paixões, e em muitos casos o seu relacionamento com elas pode *ser* a sua paixão. Freqüentemente as pessoas listam seus parceiros, suas famílias e seus filhos entre as paixões principais. Para a maioria, o destino pode ser alcançado quando elas se sentem parte de uma equipe, e a família é a equipe mais fundamental.

Paixão e amor estão intimamente ligados porque ambos surgem do coração. Quando você segue as suas paixões, você ama a sua vida.

O Dr. Andrew Newberg e Mark Waldman, neurocientistas do Centro de Estudos da Espiritualidade e da Mente da Universidade da Pensilvânia, estudaram durante muito tempo a relação entre aquilo em que acreditamos e aquilo que criamos no mundo. São os co-autores do aclamado livro *Born to Believe* (Nascido para crer).

Perguntamos a eles se, ao viver de acordo com as coisas que mais amamos, fortalecemos nosso propósito de vida, passando a sentir mais alegria e satisfação. Veja o que eles disseram:

> "O cérebro fica muito feliz quando focamos naquilo que amamos. Quanto mais nos concentramos nas coisas que realmente amamos e desejamos, mais diminui o volume nas partes do sistema límbico em que as emoções destrutivas de medo, raiva, depressão e ansiedade são controladas. Isso permite que pensemos com maior clareza.
>
> Quando nos concentramos naquilo que amamos, também aumentamos o volume em outras partes do sistema límbico, que geram as emoções positivas. Quando isso acontece, há liberação de dopamina, endorfinas e vários neurotransmissores e hormônios que reduzem o estresse. Quanto mais nos concentramos naquilo que amamos, maior é a possibilidade de ficarmos saudáveis, e os efeitos positivos dos neuroquímicos redutores do estresse em nossos corpos e mentes se fazem sentir com maior intensidade.
>
> De fato, é possível diminuir as emoções negativas e aumentar as positivas quando vivemos de acordo com o que julgamos mais importante para nós."

Mas o que isso tem a ver com o seu destino? As suas paixões não são o seu destino. Elas são as pistas ou as chaves que levam ao seu propósito pessoal. Quanto mais apaixonada é a sua vida, mais ela entra em sintonia com o destino. Você vai descobrir isso ao ler, na segunda parte deste livro, as entrevistas com algumas pessoas muito bem-sucedidas.

O destino é a jornada de toda uma vida. As paixões se modificam com o tempo, à medida que passamos a nos conhecer mais profundamente. Quando seguir suas paixões, você irá perceber que se sente irresistivelmente impelido para a frente, e um dia vai acordar e descobrir que, ao viver de forma apaixonada, está cumprindo o seu destino.

Tudo começa quando deixamos claro quais são as nossas principais paixões. Você fará isso antes de terminar a leitura deste livro.

Lembre-se do mantra do começo do capítulo. É a fórmula simples para viver o seu destino pessoal:

Intenção – Atenção – Nenhuma tensão

Vamos seguir em frente, com a intenção de descobrir suas verdadeiras paixões e, assim, cumprir o destino para o qual você foi criado.

Parte Um

Descobrindo as Suas Paixões

CAPÍTULO UM

O começo do começo

Quando você segue a sua felicidade...
portas se abrem onde você menos espera
que haja portas; e onde não haveria porta
para ninguém mais além de você.

– Joseph Campbell

– Como foi a sua viagem? – perguntou Chris.

– Sem sombra de dúvida, foi a melhor e mais fantástica experiência de toda a minha vida – respondeu Janet.

– O que houve?

Uma expressão de perplexidade estampou-se no rosto de Janet.

– Devo estar louca! – disse ela. – Fiquei tão doente que mal pude sair da cama durante uma semana. Caí de uma montanha e quase morri. Só faltou eu congelar no Himalaia. Um burro me deu um coice, e tive que viajar sozinha pela Índia, coisa que jurei que jamais faria.

Apesar de tudo isso, a viagem de Janet à Índia foi a melhor experiência de sua vida. Ela conheceu mais de 60 "santos", indivíduos venerados por sua sabedoria e iluminação. Ela entrevistou mais de 40 para o documentário e livro que vai lançar.

Fez a caminhada até a nascente do Ganges, o rio sagrado, bem no alto do Himalaia, e teve algumas das revelações mais profundas de sua vida.

Daqui a pouco contaremos como a paixão de Janet criou essa viagem que mudou sua vida e as incríveis experiências que dela se originaram. Primeiro, vamos falar sobre os amores da *sua* vida.

Por que você está lendo este livro? Imagino que seja porque lá no fundo você tem uma forte sensação de que seu destino pessoal é diferente daquele que está vivendo agora.

Nós nos sentimos privilegiados e gratos por termos descoberto como viver imersos em nossas paixões.

Foram necessários mais de 30 anos de trabalho para cada um de nós, e de modo geral não foi fácil. Não ficaríamos surpresos se você dissesse que sabe perfeitamente o que é trabalhar semanas, meses e anos tentando de todas as maneiras sair da rotina, sobrevivendo de contracheque em contracheque.

Talvez já tenha procurado ganhar dinheiro das mais variadas formas. Talvez você saiba o que se sente quando outro grande plano falha, quando bate a depressão e o desânimo toma conta, deixando um peso no estômago e fazendo você pensar: "Será que vale mesmo a pena?"

Nós também passamos por isso. E acabamos descobrindo que essas sensações surgem quando não estamos vivendo de acordo com nosso destino pessoal. Mas tudo isso pode mudar de uma hora para outra, como aconteceu com Janet.

A luz continua acesa

Janet começou sua jornada dançando sob a luz dos postes na rua quando era criança:

> "Quando eu tinha 8 anos, ficava deitada na cama à noite esperando até a hora em que minha família fosse dormir.

Então, eu saía silenciosamente de casa e entrava no mundo da minha fantasia. Era minha hora favorita. Sob a luz do poste da esquina, meu mundo se transformava num palco iluminado. Eu era uma linda e famosa atriz, apresentando-me para milhares de admiradores loucos por mim. Até a madrugada eu cantava e dançava, totalmente entregue à minha imaginação. Ali, no meu palco da esquina, eu me sentia realmente viva, realmente livre.

Quando minhas tias e meus tios vinham nos visitar, pedia para meu pai anunciar que eu ia dançar e cantar para eles. Minha irmã e meu irmão me odiavam quando meu pai reunia todo mundo na sala para assistir ao meu show! Naqueles momentos, Mickey e Johnny fugiam pela porta dos fundos, morrendo de vergonha.

Afinal, eu cantava desafinado e não sabia dançar. Mas meu entusiasmo superava qualquer insegurança. Sem nenhuma hesitação, eu fazia uma apresentação para todos os nossos visitantes.

Pedi várias vezes aos meus pais para me matricularem na Pasadena Playhouse, a escola de teatro perto de casa. Eles respondiam: 'Desculpe, querida, mas não temos dinheiro para esse tipo de coisa.'

Quando eu tinha uns 10 anos, meu pai concordou em atender a meu antigo pedido. Muito triste, olhei para ele e disse: 'Eu adoraria ir para a Pasadena Playhouse, mas agora é tarde demais. Já passei da idade.' Eu achava que tinha desperdiçado minha chance de me tornar uma grande estrela.

Então, naquele momento importante, meu mundo de fantasia caiu por terra e eu entrei no mundo da dura realidade. Achei que já era hora de crescer e que tinha passado da idade de fazer esse tipo de coisa.

Foi aí que eu errei.

Quando completei 18 anos, já tinha parado de sonhar e vivia uma versão pouco inspirada da chamada 'vida real'.

Nunca pensava sobre o que eu gostava de fazer, esperava fazer ou queria fazer. Tinha me esquecido de tudo isso.

Quando precisei trabalhar, procurei nos classificados, com dois únicos critérios: carga horária e salário.

Em 1981, comecei a trabalhar em uma empresa de contratação técnica em San José, na Califórnia. Era uma empresa de grande sucesso. Eu via muita gente entusiasmada comprando carros e casas, tirando férias em lugares maravilhosos – e eu sentada à minha mesa, esperando que o relógio marcasse cinco da tarde. Sempre saía do trabalho me sentindo humilhada, envergonhada, desanimada e pobre.

Depois fui contratada por uma das melhores empresas da cidade, onde havia 12 funcionários, quase todos meus amigos. Quando surgiu uma vaga, a opinião foi unânime: 'É o emprego perfeito para a Janet.' E por que não? Eu era conhecida por ser capaz de unir as pessoas, por ser uma grande comunicadora, uma fonte inesgotável de energia, alguém que sempre conseguia resolver as coisas.

Ninguém se deu conta – nem eu – de que me faltava uma habilidade essencial para um bom desempenho naquela empresa: talento para ciências exatas. O que me fez enfrentar um novo fracasso e decepção.

Certo dia, vi um folheto anunciando um curso motivacional chamado Diga Sim ao Sucesso. De repente, brotou em mim a convicção de que eu precisava fazer aquele curso. Não tive dúvida: disse que estava doente e faltei ao trabalho.

A líder do seminário era uma mulher jovem chamada Debra Poneman, que falava sobre a importância de 'descobrir a sua paixão'.

Enquanto observava Debra lecionar, falando com entusiasmo sobre como administrar o tempo e estabelecer metas, fiquei pouco interessada no que ela dizia, mas fascinada com a forma como ela o fazia.

Aquela mulher, sem dúvida, estava vivendo de acordo com sua paixão – dava para ver isso em cada palavra e gesto seu. Debra parecia ser uma pessoa realmente feliz. Lá estava ela levantando a moral de todos não apenas com sua compreensão profunda das coisas, mas também com o amor que irradiava. Ela viajava pelo mundo e ganhava dinheiro falando sobre aquilo que adorava, e era brilhante no que fazia. Podia haver coisa melhor?

Debra nos ensinou que, quando vemos alguém que tem algo que desejamos, em vez de nos deixar dominar pela inveja ou ressentimento, devemos apenas pensar: 'Também quero isso para mim!'

Resolvi seguir à risca esse conselho. Fechei os olhos e silenciosamente repeti meu novo e valoroso mantra: 'Também quero isso para mim! Também quero isso para mim! Também quero isso para mim!'

Por um feliz acaso do destino, quando o curso terminou, dei carona para Debra até o aeroporto. Enquanto esperávamos pelo avião, ela me olhou bem fundo nos olhos e perguntou:

– Qual é o seu sonho, Janet?

Olhei de volta para ela firmemente e disse:

– Que bom que você perguntou! Eu estava pensando hoje que ou você devia me contratar, ou passar a fazer outra coisa, porque eu vou ser a palestrante motivacional mais bem-sucedida do planeta.

Naquele momento os alto-falantes anunciaram o vôo. Sem fazer nenhum comentário sobre o que eu acabara de dizer, Debra me abraçou, virou-se rapidamente e foi embora. Tudo o que eu pude pensar foi: 'Esta não é a última vez que ela vai me ver!'

Sou o tipo de pessoa que, assim que descobre a direção em que quer ir, faz mudanças rapidamente. No dia seguinte, voltei ao trabalho sabendo que meus dias de robô desanimado estavam prestes a acabar. Só um pensamento martelava na minha cabeça: como eu poderia convencer Debra a me contratar?

Finalmente, bolei um plano para impressioná-la. Ao fim do curso, Debra nos informara de sua agenda para as palestras nos meses seguintes em várias cidades.

Decidi conseguir dinheiro suficiente para viajar para cada um desses lugares e sentar-me na primeira fila em cada palestra. Sempre que Debra entrasse na sala, ela me veria na frente e então saberia que eu estava falando sério. A única coisa que eu precisava era de dinheiro para os gastos.

Naquela mesma noite, encontrei uma amiga no centro de Meditação Transcendental que eu costumava freqüentar. Quando ela casualmente perguntou o que eu andava fazendo, deixei-a surpresa, declarando, entusiasmada, que eu havia finalmente descoberto qual era o meu propósito neste planeta. E falei do meu plano.

Na noite seguinte, ao me encontrar no centro de meditação, essa amiga deixou cair 10 notas de 100 dólares novinhas em folha sobre a minha cabeça, rindo e dizendo:

– Feliz Natal!

Fiquei sem reação, de boca aberta. Com os olhos cheios de lágrimas, abracei-a efusivamente e agradeci por ela acreditar em mim, prometendo que logo eu iria recompensá-la por sua imensa generosidade.

Segui meu plano e fui de cidade em cidade, comparecendo a todos os seminários de Debra. Finalmente, no último seminário, ela veio até mim e disse:

– Está bem. Já que não consigo me livrar de você, é melhor contratá-la.

Nem preciso dizer que foi um momento maravilhoso. Eu estava caminhando em direção ao meu sonho. No entanto, o que houve de mais importante foi que, durante as palestras de Debra, algo foi nascendo dentro de mim: o Teste da Paixão."

CAPÍTULO DOIS

Nasce o Teste da Paixão

> Estou aqui com um propósito, e esse propósito é crescer e me transformar numa montanha, e não encolher e me transformar num grão de areia. Daqui em diante, investirei *todos* os meus esforços para me tornar a maior montanha de todas, e expandirei meu potencial até o limite, até que ele implore por misericórdia.
>
> – Og Mandino

A paixão é uma experiência muito pessoal. Quando a sua vida está cheia de coisas que o apaixonam, quando você faz aquilo que adora, a sua atividade assume vida própria e é irresistivelmente impulsionada em direções que você sequer imagina.

Na primeira parte deste livro partilharemos com você a fantástica história dos milagres que apareceram na vida de Janet à medida que ficaram mais claros os maiores amores de sua vida: as suas paixões.

Muitas vezes nós esbarramos no "como": Como vou conseguir dinheiro? Como vou ter tempo? Como vou aprender esta ou aquela habilidade? Mas não importa saber "como", e sim "o quê".

É este o propósito deste livro: ajudar você a descobrir as coisas que o apaixonam.

À medida que contarmos a história da viagem de Janet à Índia, você verá como o dinheiro pareceu surgir do nada e como aquilo que ela desejava chegou até ela. Falaremos das coincidências felizes e inesperadas que Janet jamais poderia prever e como as inconveniências e desconfortos superficiais que inevitavelmente aparecem no caminho quando buscamos nossas paixões tornam-se irrelevantes quando agimos de acordo com nosso destino.

Vamos agora retomar a história do nascimento do Teste da Paixão.

> "No segundo dia do seminário, Debra mencionou uma pesquisa com 100 dos indivíduos mais influentes e financeiramente bem-sucedidos dos Estados Unidos. A pesquisa revelou que essas pessoas poderosas tinham uma coisa em comum.
>
> – Vocês conseguem adivinhar o que é? – perguntou ela.
>
> Cada um deu uma resposta, mas ninguém acertou.
>
> 'O que poderia ser?', pensei eu.
>
> Finalmente, Debra disse:
>
> – A pesquisa descobriu que essas pessoas poderosas e de sucesso tinham alcançado totalmente as coisas que cada uma considerava essenciais para seu ideal de vida.
>
> Com essa única frase, minha vida mudou para sempre.
>
> Em outras palavras, fez-se a luz.
>
> Na verdade, foi como uma explosão de fogos de artifício!
>
> Debra continuou a falar sobre a importância de saber o que você quer ser, fazer, ter. Mostrou a importância de estabelecer metas para ter sucesso e poder. Parecia tão fácil.
>
> Enquanto Debra falava, continuei pensando sobre a pesquisa. 'Obviamente, é preciso determinar quais são nossos desejos mais importantes', concluí."

Ao chegar em casa, Janet fez uma lista de 15 coisas que ela gostaria de fazer, ser ou ter na vida. E determinou quais eram as cinco mais importantes:

1. Sou uma palestrante transformacional brilhante e de sucesso, que levanta o moral de todos pelo mundo afora.
2. Viajo pelo mundo inteiro de primeira classe.
3. Sou tratada como uma rainha em todos os lugares aonde vou.
4. Dou e recebo demonstrações de amor em todas as áreas de minha vida.
5. Trabalho com uma equipe fantástica.

O processo simples que Janet usou para determinar suas preferências foi o que é conhecido como o Teste da Paixão.

Apresentaremos o Teste da Paixão em breve. Primeiro, vamos pensar no seguinte: por que é tão importante fazer aquilo que você ama? Uma amiga nos contou uma história verdadeira que ilustra a importância de fazer aquilo que adoramos.

Uma jovem que colecionava autógrafos de gente famosa estava no aeroporto, esperando seu avião, quando viu uma multidão em volta de um homem baixinho que usava uma túnica branca.

Ela sabia que aquele homem devia ser importante, já que havia tanta gente em volta dele. Aproximou-se de uma das pessoas e perguntou de quem se tratava. A resposta foi:

– Esse é Maharishi Mahesh Yogi, um grande santo do Himalaia.

A moça correu até o Maharishi e pediu seu autógrafo. Ele pegou a caneta e o papel, olhou-a bem dentro dos olhos e disse:

– Vou lhe dar algo bem mais importante do que o meu autógrafo. – E no pedaço de papel escreveu:

USUFRUA

A mensagem do Maharishi é de que o maior propósito da vida é usufruí-la. Quando não usufrui, você não está no fluxo da vida. Não está vivendo de acordo com o seu propósito.

Mais uma vez, qual a importância de usufruir e gostar do que você faz? Pense nas pessoas mais importantes do planeta, do passado ou do presente. Cada uma delas, sem exceção, amava o que fazia ou o que está fazendo agora. Cada uma delas. Suas vidas talvez não tenham sido fáceis, elas sem dúvida viveram dificuldades, mas mesmo assim *amavam* o que estavam fazendo.

Agora pense nas pessoas que você conhece e que lhe parecem realmente felizes. Elas não amam o que fazem? É claro que todas têm problemas e enfrentam dificuldades, mas elas amam suas vidas, amam suas atividades, amam as pessoas com quem compartilham a vida, não é verdade?

Para nós, é completamente óbvio. Para alcançar sucesso em qualquer área, o pré-requisito mais importante é que você tenha paixão por seu trabalho naquela área.

Paixão e alegria andam de mãos dadas? Sem sombra de dúvida! A paixão é o fogo interior que o impele para a frente, por causa do amor que você sente pelo que faz. É a sensação de propósito que aparece por você estar ligado às suas paixões mais profundas. A alegria surge dessa combinação entre o amor e o propósito.

Ao ajudar você a esclarecer o que mais ama e o que é mais importante em sua vida, o Teste da Paixão lhe dará meios de viver de acordo com o que mais gosta.

O Teste da Paixão é um sistema que vai ajudar você a descobrir a sua missão na vida. Qual o seu propósito? Qual o seu destino? Qual é o trabalho que você executa como se fosse diversão, por mais horas que se dedique a ele?

O Teste da Paixão é bastante simples, mas seus resultados são muito profundos. Ele lhe proporcionará uma maneira fácil e divertida de colocar em ordem de prioridade as coisas realmente mais importantes para você. E também vai ajudá-lo a eliminar as supérfluas e desnecessárias.

O Teste da Paixão é a chave mágica que irá abrir a porta para os sonhos esquecidos que esperam pacientemente no fundo do seu coração.

CAPÍTULO TRÊS

Fazendo o Teste da Paixão

Deus ofereceu a cada um de nós
nossas "ordens de crescimento".
Nosso propósito aqui na Terra é
descobrir quais são essas ordens e concretizá-las.
Tais ordens revelam nossos dons especiais.

– Soren Kierkegaard

Era o ano de 2003. Tínhamos terminado nosso projeto com Mark Victor Hansen e Robert Allen. Ao trabalhar com eles, estabelecemos contatos incríveis e tivemos grande sucesso em nossos empreendimentos. Liz e Ric Thompson, membros do Enlightened Millionaire Program, nos abordaram com a idéia de estabelecermos uma parceria para criar a *Healthy Wealthy n Wise*, a revista que fazemos juntos.

Janet achou que estava na hora de mais uma vez deixar claro quais eram suas paixões. Ela já tinha feito o Teste da Paixão várias vezes, mas sentiu necessidade de repeti-lo. Sentia-se inquieta, sabendo que havia algo dentro dela que teria um efeito profundo na sua vida.

Enquanto fazia a lista das coisas mais importantes – as que ele seria, faria ou teria quando sua vida fosse ideal –, um item saltou aos seus olhos: "Passar meu tempo com pessoas iluminadas." Essa breve frase foi uma faísca que iniciou a explosão de um fogo insaciável dentro dela.

Apesar de se sentir profundamente atraída pela idéia, Janet pensou: "Como será que vou conseguir fazer isso?" Afinal, as pessoas mais veneradas por sua sabedoria e iluminação estão geralmente cercadas por grandes organizações, protegidas por seguranças, ou escondidas em cavernas, no alto do Himalaia ou no meio de densas florestas.

Janet sabia que queria começar viajando pela Índia, porque já tinha encontrado alguns mestres iluminados por lá, mas não tinha nenhuma outra pista sobre como poderia corresponder à sua paixão.

Antes de contarmos como essa paixão de Janet foi realizada e continua a ser, você precisa fazer o Teste da Paixão. Mas, lembre-se, por enquanto você não precisa saber *como* as coisas que colocará na sua lista de paixões irão se realizar. Esse será um próximo passo, e estaremos aqui para ajudá-lo.

Ao dar às pessoas o Teste da Paixão, descobrimos que o maior desafio é não se censurar. Com isso queremos dizer que, ao fazer o Teste da Paixão pela primeira vez, ao escrever uma paixão que parece muito ambiciosa e difícil de ser concretizada, a maioria das pessoas a apagam (principalmente as maiores paixões!) e escrevem algo que lhes parece fácil. Em outras palavras, elas procuram não se arriscar.

Por exemplo: talvez você sonhe em ser um pianista famoso no mundo inteiro. Com base na sua situação atual, isso talvez soe totalmente absurdo. Então, em vez de escrever a sua paixão tal como a sonha, você coloca "tocar piano".

Podemos imaginar o que você está pensando neste exato momento: "Mas eu não tenho a menor idéia de como posso me tornar um pianista famoso no mundo inteiro." Confie em nós. Não importa se você não sabe. Escreva a sua paixão.

O Dr. Andrew Newberg e Mark Waldman, neurocientistas do Centro de Estudos da Espiritualidade e da Mente, que mencionamos na introdução, disseram o seguinte sobre "pensar grande":

> "Quando nos concentramos nas questões importantes, nas questões realmente importantes, desafiamos nossos cérebros a pensar de maneira diferente, e isso faz com que a estrutura de nossos neurônios se modifique, principalmente nos lobos frontais, a parte do cérebro que controla a lógica, a razão, a linguagem, a consciência e a compaixão.
>
> Novos axônios se desenvolvem, chegando a novos dendritos para criar uma comunicação que nossos cérebros não haviam feito antes. Quando contemplamos as questões importantes de fato, usamos os lobos frontais para alterar a função de outras partes de nosso cérebro."

Portanto, não tenha medo de pensar grande. Janet não tinha a menor idéia de como poderia ter contato com mestres iluminados quando escreveu "passar meu tempo com pessoas iluminadas". Mas você verá que o resultado foi muito melhor do que ela jamais imaginaria.

Assim que as suas intenções estiverem claras, o próximo passo é a atenção. Se você acha que a sua paixão é se tornar multimilionário, mas não sente nenhuma inclinação em concentrar sua atenção para ganhar dinheiro e criar riqueza, a sua *mente* está brincando com você. Ela está dizendo que essa é a sua paixão, quando, na verdade, o que você deseja é se ver livre das dívidas e viver confortavelmente. Esses joguinhos mentais nunca levam à realização pessoal.

As paixões surgem do *coração*. Quando você se sente realmente apaixonado por alguma coisa, não é preciso fazer muito esforço para concentrar sua atenção nela. Pensar nela o diverte e o deixa animado. Os desafios que surgirem não serão obstáculos. Talvez eles o deixem num ritmo mais lento durante algum tempo, mas não poderão impedi-lo de conseguir o que deseja.

Vamos voltar à idéia de não tentar arriscar. Você já percebeu que as pessoas que "não arriscam" sentem-se menos entusiasmadas, com menos paixão e energia do que aquelas que ousam ir até a beira do precipício e mergulhar de cabeça nos próprios sonhos?

Pense em alguém que você conhece e que sempre escolhe o caminho mais seguro. Quando procura um emprego, essa pessoa prefere a empresa de renome que lhe dá um salário mais baixo mas compensa com o plano de saúde, benefícios de aposentadoria e férias pagas. Ela não se arrisca num negócio novo que poderia lhe trazer mais dinheiro e uma perspectiva maior de crescimento.

Tais pessoas não chegam muito perto do precipício, não pulam das maiores alturas, não se aventuram por países desconhecidos, por mais fascinantes que sejam. Elas se conformam em morar de forma medíocre, nunca pensariam em realizar o desejo de voar de asa-delta nem de velejar pelo oceano. Não fazem nada que lhes pareça perigoso, arriscado ou assustador.

É esse tipo de pessoa que você deseja ser?

Por outro lado, como é ser alguém que tenta usufruir ao máximo cada momento? Como é ser alguém que faz o que for preciso para viver o seu sonho, que está disposto a encarar qualquer desafio, pular por cima de qualquer obstáculo, ir para onde for preciso em busca dos desejos mais profundos de seu coração?

Não nos entenda mal: não queremos empurrá-lo montanha abaixo nem céu acima. Só vamos lhe dizer para arriscar-se quando você se sentir pronto, porque é extremamente importante pensar na sua vida *ideal*, não na sua vida *possível*.

Há um segredo para determinar "o como" dos seus sonhos, segredo que partilharemos com você daqui a pouco. Esse segredo se revela na história da viagem de Janet para a Índia, uma viagem que jamais teria acontecido se ela não tivesse primeiro dado a si mesma a permissão de estar aberta a todas as possibilidades, à medida que foi sabendo mais claramente "o que" desejava.

Então confie em nós e siga em frente. Não censure o seu Teste da Paixão.

Para se certificar de que você será capaz de libertar aquelas *grandes paixões* que até o momento não deixou vir à tona, Janet partilhará com você um exemplo de uma lista de paixões de um amigo dela que não tem nenhum pudor em pensar grande.

> "Há alguns anos, Chris e eu estávamos dando uma palestra num seminário sobre Saúde e Sabedoria, em Vancouver. Um grande amigo e colaborador, Jack Canfield, coordenador de *Histórias para aquecer o coração*, também estava se apresentando.
>
> Naquela época, eu estava escrevendo meu e-book, *The Passion Test: Discovering Your Personal Secrets to Living a Life on Fire* (O Teste da Paixão: Descobrindo seus segredos pessoais para viver uma vida empolgante). Queria que Jack fizesse o teste para colocá-lo no meu livro.
>
> Quando liguei para Jack, ele disse que estava saindo para o aeroporto.
>
> – Sem problema – falei. – Posso fazer o Teste no caminho.
>
> Jack deu uma risada e disse:
>
> – Sua ruiva maluca! Está bem, vamos lá.
>
> No caminho, expliquei-lhe como o Teste funcionava, e dois minutos depois ele já tinha falado de 15 grandes paixões suas.
>
> Isso é que é saber quem você é e o que quer!
>
> Não fiquei surpresa. Com mais de 100 milhões de exemplares da série *Histórias para aquecer o coração* vendidos no mundo inteiro, obviamente o sujeito sabe para onde quer ir e, sem sombra de dúvida, não tem nenhum problema em pensar grande."

Eis a lista inicial das paixões de Jack

1. Ser útil para um grande número de pessoas.
2. Ter poder de influência internacional.
3. Ter status de celebridade.
4. Fazer parte de uma equipe dinâmica.

5. Ter um papel de liderança.
6. Ajudar as pessoas a viver seus sonhos.
7. Falar para um grande número de pessoas.
8. Exercer influência por meio da televisão.
9. Ser multimilionário.
10. Ter uma equipe de apoio e alojamentos de nível internacional.
11. Ter muito tempo livre.
12. Estudar com mestres espirituais freqüentemente.
13. Fazer parte de uma rede de líderes espirituais.
14. Criar um grupo central de treinadores que se identificam com a organização.
15. Me divertir muitíssimo!

Eis os resultados do teste de Jack depois que eu o ajudei com o processo de eliminação

1. Ajudar as pessoas a viver seus sonhos.
2. Fazer parte de uma equipe dinâmica.
3. Ser útil para um grande número de pessoas.
4. Ter poder de influência internacional.
5. Criar um grupo central de treinadores que se identificam com a organização.

"Exatamente como as pessoas muito bem-sucedidas do estudo que inspirou o Teste da Paixão, Jack me disse, depois de fazer o teste, que todas as suas cinco paixões já estavam presentes em sua vida. Mas uma coisa o surpreendeu. Fazer parte de uma rede de líderes espirituais virou a paixão número 6 depois do processo de eliminação. Embora fosse muito importante para ele, essa paixão ainda não existia na vida de Jack. Quando nos despedimos, ele me disse que ia começar a se dedicar a ela imediatamente."

Hoje em dia, eu e Chris nos sentimos gratos por sermos membros fundadores do Transformational Leadership Council (Conselho de Liderança Transformacional) de Jack, um grupo que está crescendo e atualmente conta com mais de 60 palestrantes, escritores e professores de todo o mundo. Ele criou esse grupo pouco depois de descobrir, através do Teste da Paixão, que fazer parte de uma rede assim era algo importante para ele. Sim, eu sem dúvida me sinto orgulhosa por meu pequeno teste ter sido em parte responsável pelo nascimento de um dos sonhos de Jack.

Agora, voltando ao teste de Jack. Você percebeu que quase todas as paixões dele são grandiosas? Será que, quando fez o teste, Jack estava preocupado em conseguir realizar essas paixões? Não, de jeito nenhum. O próximo princípio que vou lhe oferecer é este: essas paixões já estavam presentes no DNA de Jack muito antes de ele fazer o teste.

Quando você é claro e preciso,
o que deseja irá se manifestar em sua vida,
mas só de acordo com o seu nível de clareza.

O contrário também é verdadeiro: desejos nebulosos geram resultados nebulosos. A maior parte deste livro se dedica a ajudá-lo a ter mais clareza. No decorrer do texto daremos várias ferramentas para ajudá-lo a esclarecer suas paixões.

Vamos agora revisar as instruções para que você possa fazer seu próprio Teste.

Instruções para o Teste da Paixão

A primeira parte do Teste da Paixão consiste em fazer uma lista das suas paixões, ou seja, das coisas que você mais ama, das que são mais importantes para você e mais cruciais para a sua felicidade e bem-estar.

Escreva a sua lista inicial de paixões espontaneamente, sem censura, registrando o que lhe vem à cabeça. Escreva pelo menos 10 coisas que você sem dúvida nenhuma adora.

O que você vai escrever são as suas paixões, não os seus objetivos. As paixões são coisas que você já vive ou que quer viver. Os objetivos são coisas que você escolhe criar na sua vida. Por exemplo, uma das paixões de Jack é "ser multimilionário". Mesmo que já não fosse multimilionário, uma das paixões de Jack seria essa. O que não impede que ele tenha o objetivo de ganhar dois milhões de dólares no próximo ano.

Qual a diferença? Uma paixão é o modo como você escolhe viver. Jack escolheu viver como um multimilionário. Um objetivo é algo que você almeja alcançar: "Ganhar dois milhões de dólares no ano que vem."

Quando as suas paixões são claras, você então pode criar objetivos que estão de acordo com elas e começar a criar a vida que escolheu. Tanto as paixões quanto os objetivos têm valor, mas o primeiro passo é deixar claro quais são suas paixões. Pense sobre o que você fará, quem será e o que terá quando sua vida for ideal.

Assim como Jack, comece a frase de cada paixão com um verbo que expresse como você viverá essa vida ideal.

Eis alguns exemplos de paixões que nossos alunos expressaram

- Morar numa casa bonita, onde eu me sinta totalmente em paz.
- Ter sucesso como escritor de romances policiais.
- Ter uma saúde perfeita, com muita energia, muito ânimo e muita vitalidade.

- Divertir-me com tudo o que faço.
- Conviver alegre e amorosamente com a família.
- Ter uma excelente vida sexual.
- Trabalhar com uma equipe que me apóia e tem os mesmos valores que eu.
- Viver num mundo fraterno e justo.

Lembre-se, as paixões são o modo como você leva a sua vida. As metas ou objetivos são as coisas que você alcança.

Levar uma vida de paz pode ser uma paixão. Criar paz no mundo é uma meta. Ter uma vida de dedicação ao próximo pode ser uma paixão. Eliminar a pobreza na Terra é uma meta.

Mas será que a paixão de alguém pode ser eliminar a pobreza no planeta e acabar com a fome? Sem dúvida. Lynne Twist, membro do Transformational Leadership Council, é um grande exemplo. Lynne passou muitos anos arrecadando fundos e sendo líder do Hunger Project, uma organização internacional cujo importante objetivo é eliminar a fome no mundo. A paixão de Lynne era *trabalhar* para acabar com a fome. A *meta* do Hunger Project é pôr fim à fome.

Entendeu a diferença? As paixões têm a ver com o processo. As metas, com o resultado.

Enquanto você vai pensando sobre a sua lista de paixões, eis algumas idéias para ajudá-lo:

AMORES E TALENTOS: PISTAS QUE LEVAM ATÉ OS SEUS DONS PARTICULARES

O que você ama fazer? Em que tipo de ambiente adora ficar? Que tipo de pessoa gosta de ter ao seu redor? O que o entusiasma, o deixa animado e cheio de energia? As respostas a essas perguntas podem dar pistas que levam até o seu propósito.

Mais um conjunto de pistas: No que você é bom? O que faz as pessoas elogiarem você? O que você faz melhor do que a maioria das pessoas? Quais são as suas habilidades e talentos únicos? Como geralmente gostamos de fazer as coisas para as quais temos habilidade, os amores e os talentos costumam andar juntos.

CUIDADO COM A MENTE

Se é assim tão simples, por que tantas pessoas não conseguem realizar seu propósito na vida? Nossa mente costuma nos pregar peças. Ela se parece com um macaco que pula de galho em galho.

Primeiro ela corre na direção de algo estimulante, depois foge de algo que assusta. A sua mente até mesmo tenta convencer você de que o seu propósito na vida não é tão importante assim – tudo em nome da segurança e da estabilidade.

Por exemplo, muitos nos dizem que sua paixão é ganhar muito dinheiro. Mas alguns não sentem a menor atração pelas coisas ligadas a dinheiro. Em contrapartida, podem ter paixão por determinado trabalho, pela família ou por estar em contato com a natureza. Nada ligado a um ganho maior de dinheiro os atrai ou deixa animados. Quando conversamos com essas pessoas, descobrimos que se importam muito mais em ter liberdade para se dedicar às coisas que amam fazer do que em ter muito dinheiro.

Não é necessário ter muito dinheiro para alcançar a liberdade que muitos desejam. Por exemplo, Madre Teresa tinha total liberdade para fazer as coisas que amava, mas nunca muito dinheiro. O mesmo se pode dizer de Mahatma Gandhi ou de Martin Luther King.

Por outro lado, encontramos pessoas que têm uma paixão avassaladora por ganhar muito dinheiro e ao mesmo tempo paixão por ajudar os outros. Não há nada capaz de impedir essas pessoas de ganhar dinheiro. Estão de tal maneira concentradas nisso que o dinheiro simplesmente aparece.

Fique receptivo para qualquer tipo de apoio, e você verá a satisfação surgir na sua vida. Se a segurança e a liberdade que o dinheiro traz são muito importantes para você, ele vai aparecer.

Ganhar dinheiro e ficar rico são habilidades que a maioria das pessoas aprende. Ter riqueza requer investir tempo, energia e dinheiro para aprender tais habilidades ou cercar-se de pessoas capazes de fazer isso.

OUTRAS DICAS QUE VALE A PENA MENCIONAR

Ao fazer a sua lista, preste atenção no seguinte:

- Não consulte ninguém. A lista tem a ver com aquilo que acende o *seu* fogo interior. Mergulhe fundo e entre em contato com as coisas que de fato são as mais importantes para você.
- Faça o Teste sozinho. Mais tarde, se desejar, você pode falar sobre as suas paixões com seu parceiro ou parceira. *Não* tentem influenciar as escolhas um do outro. Afinal, o Teste é de cada um. Se você não gostar das escolhas do parceiro, pense se consegue amá-lo o suficiente para respeitar e aceitar os desejos dele.
- Recomendamos que você faça o Teste de uma vez só. Deve levar apenas 20 ou 30 minutos, a não ser que não tenha mesmo muita certeza sobre as coisas mais importantes para você. Nesse caso, pode levar mais tempo.
- Se possível, faça o Teste num ambiente calmo, sem distrações. É um processo em que você mergulha dentro de si mesmo para chegar às coisas que têm mais significado para sua vida. Você não conseguirá chegar até elas se estiver nervoso ou distraído.
- Escreva frases curtas e precisas. Evite combinar várias paixões numa só, como “ter um relacionamento ideal, viajar pelo

mundo de primeira classe e morar numa casa linda, de frente para o mar". Separe cada paixão e liste-as separadamente.

- O Teste da Paixão é uma ferramenta para ajudar você a entender os elementos essenciais que o levarão a ter uma vida plena e feliz. É algo muito pessoal. As suas cinco maiores paixões não são exatamente iguais às de outras pessoas. Lembre-se: as pessoas felizes e bem-sucedidas têm as suas cinco maiores paixões presentes em suas vidas. O Teste da Paixão irá ajudá-lo a identificar as suas cinco maiores paixões e o colocará no caminho de uma vida gratificante.

Instruções para o Teste da Paixão

PRIMEIRO PASSO

Primeiro, faça uma lista de pelo menos 10 coisas mais importantes em que consegue pensar, aquelas capazes de lhe proporcionar uma vida de alegria, paixão e realizações. Comece cada frase com um verbo que se relaciona a ser, fazer ou ter aquilo que vai completar a frase:

Quando minha vida for ideal, eu estarei ____________.

Feche os olhos e imagine a sua vida ideal. O que você está fazendo? Com quem está? Quem é você? Como se sente?

Agora, pegue papel e caneta e faça a sua lista, tendo em mente que essa é apenas a sua primeira lista. Nós o aconselhamos a fazer o Teste de seis em seis meses, muitas e muitas vezes nos anos seguintes. Cada vez a lista vai ficar mais definida. Não se censure. Você não precisa saber *como*, somente *o quê*.

Faça a sua lista agora – liste pelo menos 10 paixões, mas sem um número máximo.

Guarde a sua lista e deixe-a quietinha por um tempo. Volte a ela depois de algumas horas, ou no dia seguinte.

SEGUNDO PASSO

Quando voltar a ler sua lista, compare os itens para identificar quais os mais importantes para você. Faça da seguinte forma:

a. Se você pudesse escolher entre os números 1 e 2, qual seria? Pense que, ao fazer sua escolha, você não estará perdendo nada. Pedimos que compare os dois itens como se só pudesse ter um deles. Isso é necessário para que entre em contato com o que é mais importante para você. Na vida real, você poderá, sem dúvida, ter as duas coisas, e quando terminar todos os exercícios do livro verá que tudo está incluído.

b. Continue a comparar o item que você escolheu com o do próximo número, até passar pela lista inteira, e então defina o que você elegeu como a paixão número 1. Por exemplo, se você comparou o primeiro item da lista com o segundo e escolheu o segundo, compare-o com o terceiro. Se escolher de novo o segundo, compare-o com o quarto, e assim por diante.

   Mas se você comparar o primeiro com o segundo e escolher o primeiro, e depois comparar o primeiro com o terceiro e escolher o terceiro, não precisa voltar e comparar o terceiro com o segundo.

c. Recomece, comparando cada item restante (não inclua aqueles que você já escolheu) e mantendo sempre aquele que você acha mais importante do que os outros. Quando chegar ao fim da lista, nomeie a próxima escolha de "número 2". Leia a lista de novo e nomeie a escolha seguinte, a de "número 3", e assim por diante, até identificar as suas cinco paixões mais importantes.

d. Se você não puder prosseguir porque não consegue decidir qual é o item mais importante, pergunte a si mesmo: "Se eu pudesse ser, fazer ou ter o número 1 e nunca o número 2, ou se eu pudesse ser o 2 e nunca ser, fazer ou ter o número 1, qual deles me traria mais alegria? Ou, se eu pudesse ser o número 2 e não o número 1, qual deles tem mais importância para mim?" Ao fazer a sua escolha de maneira clara, ou isso ou aquilo, você terá uma melhor visão do assunto. Evite dizer: "Os dois têm a mesma importância para mim". Na nossa experiência, isso é falta de clareza. Tente ir mais fundo.
e. A maioria das pessoas acha que o primeiro impulso costuma ser o mais certo. A paixão é algo que surge do coração, e o impulso do seu coração tem mais chance de estar próximo da verdade do que a análise feita por sua mente.
f. Seja honesto. Não se preocupe se as suas escolhas não são o que os outros acham que deveriam ser. Você não vai precisar mostrar essa lista para mais ninguém. Suas escolhas serão definidas por aquilo que lhe dá mais alegria no presente. Quanto mais estiver alinhado com o que realmente ama, mais feliz e realizado você se sentirá. E quanto mais feliz estiver, mais será amado por seus entes queridos. Como disse um grande mestre: "A felicidade se espalha como a fragrância de uma flor e atrai todas as coisas boas para você."
g. Evite a tentação de escolher de imediato um item que lhe pareça muito importante e dizer: "Ah, este é o número 1, então eu não preciso analisar o resto da lista." As pessoas que fizeram isso depois descobriram que as coisas mudaram quando analisaram toda a lista. Então faça o processo de comparação com cada item da lista para escolher as suas cinco maiores paixões.
h. Não se surpreenda se as escolhas feitas mudarem a cada vez que você analisar a lista. Quando você se abre simplesmente, sem intenções prévias, sua mente e seu coração se aprofundam

cada vez que você analisa a lista. Por isso é normal que as suas escolhas mudem à medida que você faz a análise.

O Dr. Andrew Newberg e Mark Waldman, os neurocientistas que escreveram *Born to Believe*, deram alguns conselhos que vale a pena ter em mente quando você fizer o Teste da Paixão.

> "Quando introduzimos uma nova idéia no cérebro, há uma confusão interessante no começo. Talvez seja desconfortável. O cérebro não gosta necessariamente de idéias novas, principalmente se elas entram em conflito com velhas idéias que abraçamos no passado. Se passamos anos alimentando a baixa auto-estima e de repente decidimos introduzir a noção de que na verdade somos uma pessoa maravilhosa, dois circuitos neurológicos devem competir: a memória e a nova idéia.
>
> Quando algo novo surge, o cérebro fica em estado de alerta, criando uma sensação de ameaça e insegurança. As pessoas precisam atravessar esse período de desconforto quando tentam realinhar suas vidas para atingir seu ideal.
>
> Uma descoberta neurológica muito interessante sugere que só é possível guardar sete blocos de informação na consciência ao mesmo tempo. Quando mais informações surgem, o cérebro filtra os elementos que julga sem importância. Quando você tenta se agarrar a muitas idéias, desejos ou objetivos ao mesmo tempo, o cérebro diz: 'Isso é demais. Eu só consigo prestar atenção a algumas coisas por vez'.
>
> Na nossa opinião, de um ponto de vista neurocientífico, o Teste da Paixão é muito importante, porque ele o faz se concentrar nas coisas que realmente importam para você. Quanto mais claro estiver aquilo que você mais ama e deseja, mais forte a intenção inconsciente se torna, e isso ajuda o resto do seu cérebro a reagir de maneira organizada."

E qual era mesmo o mantra que compartilhamos antes com você?

Quando você é claro e preciso,
o que deseja irá se manifestar em sua vida,
mas só de acordo com o seu nível de clareza.

A mágica acontece quando somos claros e precisos. Você irá exclamar: "Esta foi a melhor experiência da minha vida!" Isso aconteceu com Janet quando ela começou a pensar sobre como manifestaria seu amor por "passar tempo com pessoas iluminadas".

CAPÍTULO QUATRO

Criando a sua vida apaixonada

A pessoa que nasce com um talento
e cujo destino é usá-lo
será mais feliz ao usá-lo.

– JOHANN WOLFGANG VON GOETHE

"'Tudo bem... Eu consigo. Afinal de contas, eu fiz contatos com famosos a vida inteira, e encontrar santos para entrevistar não pode ser mais difícil do que encontrar uma estrela de cinema. Humm... Vejamos. Mas por que eles iriam querer se encontrar comigo?'

Esses e outros pensamentos parecidos corriam pela minha cabeça enquanto eu examinava essa nova paixão número 1 na minha vida. 'Como começar algo tão distante da vida normal?', pensei.

Você já se sentiu totalmente perplexo diante de um problema, um desafio ou uma situação na sua vida? Quanto mais você pensa, mais perplexo fica. Às vezes, o melhor é esquecer tudo por algum tempo. Foi o que eu fiz.

Então um dia um amigo me ligou. 'Janet, tem um santo maravilhoso da Índia que vai visitar Chicago. Você podia entrevistá-lo para a sua revista.'

Foi um daqueles momentos 'Arrá!'.

'É isso! Se eu escrever artigos para a nossa revista sobre os santos iluminados, poderei transformar esses artigos num livro, e esses santos talvez queiram passar algum tempo comigo para espalhar sua mensagem. Seria bem divertido!', pensei.

Comecei a fazer um plano. 'Entrarei em contato com amigos que moraram na Índia ou viajaram para lá com freqüência. Descobrirei quais são as pessoas na Índia mais respeitadas por sua sabedoria e conhecimento e aí verei se elas me deixariam entrevistá-las.' Era um bom plano. Eu só precisava de um pouco de orientação.

Resolvi ligar para Bill Levacy, por causa de sua experiência em astrologia védica, pedindo que me fornecesse dicas de viagem. Ele me encorajou a viajar para a Índia. 'Mas leve uma filmadora para gravar as suas entrevistas com os santos.'

Exultei!

'Vou fazer um documentário! O que eu poderia oferecer que fosse mais importante do que levar a toda a humanidade as idéias dos sábios sobre a atual situação do mundo?' Eu estava nas nuvens, flutuando com a visão de ficar sentada aos pés dos mestres mais sábios do planeta quando, de repente, caí de novo no chão.

'Todo o meu dinheiro está investido no nosso negócio. Como é que vou pagar essa viagem? Sem falar no equipamento de que vou precisar!' A realidade me golpeou com força."

Contaremos como centenas de milhares de dólares chegaram até Janet nos meses seguintes, mas primeiro precisamos ajudar você a colocar suas paixões em ordem e a criar os seus Cartões da Paixão.

Você já identificou as cinco coisas que ama, que são as mais importantes na sua vida neste momento. Elas vão mudar? Sim, sem dúvida.

Fazemos o Teste da Paixão a cada seis meses porque sabemos que, à medida que a nossa experiência de vida cresce, passamos a nos conhecer cada vez mais profundamente. Você talvez se case, tenha filhos, novas oportunidades podem surgir, assim como novas descobertas. A vida está constantemente evoluindo, e essa evolução traz uma clareza cada vez maior a respeito do que é mais importante.

Por exemplo, quando Chris começou a fazer o Teste da Paixão, ele era executivo sênior de uma empresa de sucesso na área de consultoria e treinamento. Uma de suas cinco maiores paixões era "Determinar meu próprio horário de trabalho".

Hoje, essa paixão não existe mais na lista de Chris porque ele já adquiriu completo controle sobre seu horário de trabalho.

Mas ao olhar para a lista atual dele, você vê que a sua paixão número 3 é "Me divertir com tudo o que faço". Quando você pergunta o que isso significa, ele responde que é principalmente ter liberdade para fazer o que quiser quando quiser.

Chris descobriu que "Determinar meu próprio horário de trabalho" é só parte da paixão maior, que é "Me divertir com tudo o que faço".

Quanto mais profundamente você se conhece, mais é capaz de se ajustar ao seu destino pessoal.

Por enquanto você criou a única lista que de fato importa: a das suas paixões neste instante. É hora de outro mantra:

Aquilo em que você concentra a sua atenção passa a ficar mais presente na sua vida.

De uma perspectiva fisiológica, veja o que o Dr. Andrew Newberg e Mark Waldman dizem que acontece em nossos cérebros:

"Quanto mais damos atenção a uma determinada crença, mais forte ficam essas conexões neurológicas no nosso cérebro. Quando nos concentramos nos aspectos positivos da nossa vida, mais fortes ficam esses caminhos neurológicos, e aquilo em que concentramos a atenção se torna cada vez mais verdadeiro para nós. Colocar a nossa atenção em crenças negativas a respeito de nós mesmos ou do ambiente ao nosso redor resulta igualmente em conexões neurológicas mais fortes, e essas crenças, por sua vez, se tornam cada vez mais verdadeiras para nós. Elas passam a constituir literalmente a nossa realidade interior, e, é claro, irão influenciar também a realidade exterior."

Você está constantemente criando a sua própria vida. Todos nós estamos. Criamos nossa vida com as coisas em que prestamos atenção. E você atrai para a sua vida aquilo em que presta mais atenção.

Se a sua atenção está concentrada nas coisas que não tem, nos seus problemas, nas coisas ruins que acontecem, você acaba criando mais coisas desse tipo.

Se você quer mais problemas, mais obstáculos, mais infelicidade, basta dar atenção a essas coisas. Se quer mais paixão, mais satisfação e mais alegria, concentre sua atenção naquilo que cria tais sensações.

As pessoas se concentram naquilo que não desejam porque sentem medo. Elas têm medo de não terem dinheiro suficiente, de ficarem doentes ou de que aconteça algum desastre. Uma das nossas máximas preferidas é: "O medo consiste em imaginar de maneira vívida que exatamente aquilo que você não deseja vai acontecer."

Concentrar-se naquilo que não queremos é um hábito. Sempre que você perceber que está se concentrando em algo de maneira negativa, rapidamente cancele o pensamento e substitua-o por algo bonito, positivo, desejável.

Vamos tentar mais uma vez. Deixe o livro de lado e feche os olhos. Imagine algo de que tem medo acontecendo com você.

Assim que o pensamento surgir, diga "cancelar" e substitua o pensamento, ou a imagem, por outro, oposto. O oposto tem as mesmas chances de acontecer, não? E você pode mudar a sua vida dessa mesma maneira fácil.

Devido aos caminhos neurológicos de que Mark Waldman e Andrew Newberg falaram, os pensamentos que amedrontam podem continuar a ressurgir durante um tempo. Continue a cancelá-los e a substituí-los por seus opostos. Em pouco tempo, novos caminhos neurológicos surgirão e a sua experiência irá mudar.

A SUA PONTUAÇÃO DA PAIXÃO

Você quer descobrir de maneira simples onde concentrou mais a sua atenção até agora? Lá vai.

Examine as cinco maiores paixões que identificou no Teste da Paixão e dê uma nota para cada uma, de 0 a 10. Zero significa que você não está vivendo de modo algum aquela paixão. Dez significa que você a está vivendo plenamente.

Pare de ler e faça isso agora.

Perceba que as paixões com pontuação menor são aquelas para as quais você não deu muita atenção. As paixões com pontuação mais alta receberam muita atenção de sua parte.

Talvez você ache que, apesar de estar dando muita atenção a algo, a pontuação está baixa. Isso é possível. Se acha que este é o caso, examine melhor onde você anda focando a sua atenção.

Por exemplo, suponhamos que uma de suas paixões é ter o seu próprio negócio multimilionário. Você está trabalhando no seu negócio há vários anos e ele mal gera lucro para sustentá-lo. Mereceria nota 10, não é verdade?

Então você pensa: "Apesar de concentrar muita atenção no meu negócio, ele nunca deslancha de verdade."

Pare e reflita: em que realmente você anda concentrando a sua atenção? Será que ela está totalmente concentrada no valor extraordinário que você dá aos seus clientes? Está totalmente concentrado em tratar cada cliente com gentileza e respeito, para que eles fiquem satisfeitos por terem a oportunidade de fazer negócio com você? Você está totalmente concentrado nos sucessos e lucros que a sua empresa gera?

Ou será que você presta mais atenção nas dívidas e contas que precisa pagar? Ou no quanto alguns de seus clientes são irritantes? Ou no quanto seus funcionários são incompetentes? Ou na instabilidade do mercado?

Quando dizemos "Aquilo em que você deposita a sua atenção passa a ficar mais presente na sua vida", queremos afirmar que aquilo em que presta atenção em cada momento de cada dia, dia após dia, determina o que você cria na sua vida.

Se a sua atenção está focada nas coisas que não consegue ter e não consegue fazer, você não as terá e não conseguirá fazê-las. Se a sua atenção está focada nos benefícios e bênçãos que estão entrando na sua vida, você perceberá que essas coisas irão surgir cada vez mais.

Se for honesto consigo mesmo, vai descobrir onde você vem colocando a sua atenção e o que está criando os resultados que vivencia.

É bom saber que é capaz de mudar o hábito de pensar de forma negativa. Se passar 21 dias tendo, de maneira consistente, um novo comportamento, você pode mudar qualquer hábito. E basta empenhar-se para fazer essa mudança.

Se estiver tendo dificuldade em mudar um hábito de pensamento sobre seus problemas, obstáculos ou desafios, temos outra ótima técnica.

Pegue um elástico de borracha e coloque-o no pulso. Use-o durante sete dias por semana, 24 horas por dia, por pelo menos 30 dias.

Cada vez que tiver um pensamento que não está criando o que você quer, puxe o elástico e deixe que ele bata no seu pulso. Ai!

Sim, vai doer. É um lembrete tátil que irá ajudá-lo a treinar a sua mente para saber que esse tipo de pensamento não serve para você.

Faça isso durante um mês e você irá descobrir que deu um grande passo para eliminar o hábito de colocar a sua atenção nas coisas que criam infelicidade e fracasso na sua vida.

OS SEUS CARTÕES DA PAIXÃO

Já que agora você está disposto a concentrar a atenção nas suas paixões, partilharemos um método comprovado para criar o que deseja.

Há alguns anos, o famoso palestrante motivacional Bob Proctor apresentou-se num evento. Janet conta a história:

> "Uma das primeiras coisas que Bob disse foi:
>
> – Vocês sabem que é muito fácil ficar rico? Eu atualmente tenho mais de 400 fontes de renda – e devo tudo a este cartãozinho aqui.
>
> Ele tirou do bolso uma ficha de arquivo e mostrou ao grupo de pessoas. No cartão estava escrito: 'Sinto-me agradecido e feliz pelas seguintes coisas...' E depois havia uma lista de suas cinco metas, em ordem de prioridade.
>
> Bob explicou que a mente é como um computador:
>
> – Aquilo que você coloca na sua mente irá ser impresso ou aparecer no Universo mais cedo ou mais tarde. As pessoas, em sua maioria, perdem tempo se concentrando no que não possuem, em vez de se concentrar naquilo que escolheram criar. Por isso, acabam tendo menos.
>
> Segurando seu pequeno cartão, Bob tinha um sorriso contagiante ao dizer para o grupo:
>
> – Uma das tarefas mais importantes do meu dia é ficar olhando para este cartão.

Ele explicou que colocava suas fichas em lugares estratégicos para poder olhá-las várias vezes durante o dia. Quando um objetivo era atingido, ele o substituía por outro.

– É fácil assim – ele completou."

Vamos então colocar em prática o conselho de Bob, aplicando-o às suas paixões.

Pegue algumas fichas de 7cm x 12cm, mais ou menos. Escreva as suas paixões em cada cartão da seguinte maneira:

MEU TESTE DA PAIXÃO

Data: ___/___/___

Quando minha vida for ideal, eu serei/estarei:

1. ____________________
2. ____________________
3. ____________________
4. ____________________
5. ____________________

ISTO OU ALGO AINDA MELHOR!

O que significa essa última frase?

"Isto ou algo ainda melhor!" Por experiência, constatamos que o Universo sempre tem para nós um plano melhor do que aquele em que conseguimos pensar, desde que estejamos receptivos a ele. Quando contarmos como Janet realizou sua paixão de estar com os iluminados, você vai ver que isso é verdade.

Todas as vezes que você precisar tomar uma decisão, escolha a favor das suas paixões.

Para escolher a favor de suas paixões, você precisa lembrar quais são elas no momento em que fizer uma escolha para tomar sua decisão. E como fazer isso? Colocando-as em algum lugar onde você possa vê-las várias vezes por dia. Quais são os bons lugares?

- No espelho do banheiro, para que você possa ver as suas paixões logo pela manhã.
- Perto do computador, para que você possa ver as suas paixões enquanto escreve os seus e-mails.
- Dentro da bolsa ou da carteira, para que você possa consultá-las a qualquer momento do dia.
- No painel do carro, para que você as veja enquanto estiver indo para algum lugar.
- Na geladeira, para que você as veja sempre que for preparar uma refeição ou pegar algum lanchinho.

O propósito de colocar esses cartões é ajudá-lo a concentrar-se nas suas paixões. Você não precisa criar planos para descobrir como irá concretizá-las (embora não haja nada de errado em fazer isso, se se sentir inspirado). O importante é fazer escolhas a favor de suas paixões sempre que tiver que tomar uma decisão.

É preciso ler as suas paixões diversas vezes por dia, para que elas fiquem profundamente arraigadas em você. Tão arraigadas que, sempre que precisar tomar uma decisão, pergunte a si mesmo: isso vai me ajudar a viver mais de acordo com as minhas paixões?

Escrever os seus Cartões da Paixão e colocá-los em determinados lugares é o primeiro passo importante para criar uma vida cheia de paixão. Então, vá agora distribuir os seus Cartões pela casa e prepare-se para a possibilidade de receber o inesperado em sua vida.

CAPÍTULO CINCO

Criando os seus Marcadores

> Damos o melhor de nós mesmos e ficamos mais felizes quando estamos totalmente concentrados no trabalho de que gostamos e na jornada rumo ao objetivo que estabelecemos. É isso que dá significado aos nossos momentos de folga e tranqüilidade ao nosso sono, transformando nossa vida em algo tão esplêndido e valioso.
>
> – Earl Nightingale

Criar Marcadores para as suas paixões lhe dá a oportunidade de destacar os eventos importantes da sua vida. Eles são como bandeiras no meio do caminho para que você saiba que está na direção certa rumo às suas paixões. Daqui a pouco mostraremos como criar os seus Marcadores.

Ficar receptivo ao que aparece na sua vida e ajustar as suas paixões de acordo com as diversas situações e circunstâncias é essencial para seguir o caminho que leva até o seu destino. Como Janet descobriu, é impossível prever o que irá surgir ou como as coisas irão se desenrolar.

"– Por que você está fazendo duas malas grandes se só vai ficar em Santa Barbara quatro dias? – perguntou Chris.

– Eu sei. Estranho, não é? – respondi. – Estou cansada demais para selecionar o que preciso levar, mas na verdade isso não importa. É sempre bom ter opções. A gente nunca sabe o que pode aparecer. Você me conhece, gosto de estar preparada para tudo.

Eu estava a caminho de Santa Barbara, na Califórnia, para encontrar Jack Canfield e outros escritores e palestrantes famosos na primeira reunião do Transformational Leadership Council.

Em Santa Barbara, passei algum tempo com Christian, uma amiga querida. Durante o almoço, falei sobre o meu plano de fazer um documentário.

– Nunca usei uma filmadora na vida – eu disse a Christian. – Adoraria contratar um profissional para vir comigo e filmar para mim.

– Você conhece alguém? – ela perguntou.

– Existe uma mulher chamada Juliann que conheci há muitos anos e de quem gosto muito. Acho que ela trabalhou em produção ou edição em Hollywood, mas faz muito tempo que não falo com ela.

Prrrim, prrrim. Era o meu celular.

– Alô.

– Oi, Janet? Aqui é Juliann Jannus. – Ao ouvir a voz de Juliann, quase derrubei o celular na salada! Não era incrível que ela me ligasse no exato momento em que eu falava dela para Christian? – Como você conseguiu me achar? – perguntei.

– Neste exato momento estou dirigindo pela auto-estrada em San Diego, com minha amiga Stephanie. Estávamos conversando, e Stephanie me disse que vai para a Índia. Quando eu perguntei com quem, ela respondeu: 'Janet

Attwood.' Aí eu falei: 'Adoro a Janet Atwood. Vamos ligar para ela agora!'

Uma das formas que encontrei de pagar minha viagem para a Índia foi planejar uma excursão só com mulheres para alguns dos retiros espirituais mais famosos naquela terra espiritualizada. E, por coincidência, uma das mulheres que se inscreveram para ir conosco foi uma amiga de Juliann.

Para descobrir se aquela era a resposta às minhas preces, perguntei:

– Olha, Juliann, não sei o que você anda fazendo ultimamente, mas será que você não gostaria de ir à Índia comigo e filmar os santos?

Juliann declarou que estava totalmente entediada com seu trabalho atual e ir até a Índia parecia exatamente a aventura de que precisava. Fiquei de ligar para acertar os detalhes assim que chegasse a casa.

No dia de minha partida de Santa Barbara acordei com uma intuição muito forte de que ainda não devia sair da Califórnia. Liguei para meu irmão John, em San Diego, dizendo que iria passar um tempo com ele e nossa madrasta Margie.

– Bom, a Margie está no hospital fazendo uns exames de rotina. Mas ela vai sair de lá hoje e sei que vai adorar ver você – disse John. Pedi a ele o número do hospital em que Margie ia fazer os exames para que eu pudesse ligar e avisar da minha ida.

Quando liguei para o hospital, transferiram a chamada para o médico de Margie.

– Sinto muito – disse ele quando soube quem eu era. – Margie foi diagnosticada com câncer em estágio terminal e decidiu não fazer o tratamento. Como não podemos mais ajudá-la, alguém precisará levá-la para casa imediatamente.

– Quanto tempo ela tem de vida? – perguntei, chocada.

– De cinco a seis meses. É você quem vai vir buscá-la? – perguntou o médico."

Você nunca sabe o que vai acontecer na sua vida. A única coisa que pode fazer é manter-se aberto ao que é exigido de você no presente. Quando deixa de pensar no jeito que acha que as coisas *devem ser* e se abre para o modo como elas *são* de fato, você se abre para a vontade de Deus, para o poder perfeito de organização da Natureza.

Foi isso que Janet fez, e logo falaremos dos milagres fantásticos que aconteceram em conseqüência disso. Mas primeiro precisamos ajudar você a criar os seus Marcadores.

Os Marcadores são mais um passo para ganhar uma clareza ainda maior.

O Dr. Pankaj Naram é um famoso médico de aiurveda. Aos vinte e poucos anos ele era, em suas próprias palavras, "um ninguém, que não sabia de nada e não tinha nada".

Naquela época, seu professor perguntou-lhe qual era a coisa mais importante para ele na vida. Pankaj respondeu:

– Ser o médico aiurvédico mais famoso do mundo, colocando a aiurveda a serviço do maior número de pessoas.

O professor mandou que ele escrevesse seu desejo. Depois que Pankaj assim o fez, seu professor perguntou:

– Como você vai saber se está vivendo o seu sonho?

Pankaj pensou durante alguns instantes e respondeu:

– Vou verificar o pulso de pelo menos 100 mil pessoas, Madre Teresa virá até minha clínica e reconhecerá o meu trabalho, verificarei o pulso do Dalai-Lama e terei centros de aiurveda em todo o mundo.

E seu professor lhe disse:

– Certo, então escreva.

Pankaj hesitou um instante: "Como eu, um ninguém, vou conseguir realizar essas coisas?" Mas como amava e respeitava seu professor, ele as escreveu.

Agora, mais de duas décadas depois, Pankaj já verificou o pulso de mais de 400 mil pessoas, Madre Teresa o visitou em sua clínica na década de 1980 e o cumprimentou pelo grande trabalho que ele estava fazendo em relação à Aids. Pankaj agora é o médico do Dalai-Lama e tem centros aiurvédicos em 12 países do mundo.

Como isso aconteceu?

Tudo aquilo que nós criamos surge primeiro em nossa mente e depois se manifesta no mundo. Observe o aposento onde você se encontra neste momento.

Está vendo aquele lustre? Começou com a idéia de Thomas Edison de que a eletricidade poderia ser usada para aquecer um filamento, produzindo luz. Depois, outra pessoa pensou: "Vou desenhar um lustre bonito (ou prático) onde seja possível colocar lâmpadas." E outra pessoa pensou: "Como posso fazer milhares desse lustre, distribuí-los para milhares de pessoas e ter um bom lucro?" E aí você pensou: "Gosto desse lustre. Vai ficar bonito lá em casa."

Por meio de todos esses pensamentos, o lustre que existe nesse aposento chegou até você. Começou somente como uma idéia e acabou se transformando numa realidade concreta na sua vida.

Cada coisa que você enxerga e que foi criada por um ser humano começou como uma idéia na cabeça de alguém em algum momento. Se você quer criar a vida dos seus sonhos, comece anotando-os com a maior objetividade possível.

O poder da intenção e da atenção é que transforma as idéias em coisas concretas no mundo. Quando você tem a intenção e a atenção, sem nenhuma tensão, todo esse processo fica divertido.

INTENÇÃO

Intenção é a escolha consciente ou inconsciente de criar. Todos nós estamos criando constantemente as circunstâncias e situações no nosso mundo por causa das crenças e conceitos que consideramos verdadeiros.

A maioria das pessoas acha que suas criações são inconscientes e por isso se vêem como vítimas das situações e das circunstâncias.

No entanto, as pessoas de sucesso conhecem o segredo – elas criam a realidade a partir daquilo em que concentram sua atenção. Neste livro usamos a palavra "intenção" para nos referirmos às escolhas conscientes que fazemos para criar o nosso mundo.

Algumas pessoas expressam suas intenções e ficam perplexas quando os resultados em suas vidas não se encaixam nas intenções que estabeleceram. Por que isso acontece?

Eis um segredo que pode valer milhões de dólares e toda uma vida de plenitude para você. Preste muita atenção:

Os seus resultados vão *sempre* estar de acordo com as suas *verdadeiras* intenções.

Isso significa que a sua vida vai sempre expressar o que se passa bem no fundo de você. Portanto, se os seus resultados não estiverem de acordo com as intenções que você diz ter, é hora de parar e fazer uma auto-análise.

Será que isso significa que coisas "ruins" não acontecem com pessoas "boas"? Será que as intenções são suficientes para impedir que fiquemos presos no meio de um furacão ou que a nossa casa seja destruída por um incêndio? Vamos supor que a resposta seja não.

Imagine duas pessoas presas numa enchente por causa de uma grande tempestade. Uma delas está concentrada na própria sobrevivência e em todas as ameaças à sua vida. Ela não se importa com mais ninguém, e talvez até se salve usando outras pessoas. A outra está concentrada em ajudar aqueles que estão ao seu redor. Sua atenção está totalmente voltada para descobrir formas de dar amor, apoio e assistência às pessoas que a cercam.

Como você acha que cada uma irá ver a própria vida no meio dessa catástrofe? A primeira está cheia de medo, pensando em si mesma, desesperada para se salvar. A segunda está tão concentrada em ajudar os outros que tudo o que percebe é o amor que flui entre ela e as pessoas que ajuda. Não tem tempo para se preocupar e se desesperar com os perigos, porque sua atenção está concentrada em dar e receber amor.

Será que ela se salva? Você não faria o possível para salvar essa pessoa? E, mesmo que ela não sobreviva, quais são os resultados em sua vida? Ela dá e recebe alento. Ela está cheia de amor. Ela dá e recebe ajuda. Ela desfruta uma qualidade de vida que transcende o significado da sobrevivência física.

Num exemplo mais comum, há alguns anos fizemos uma sociedade com amigos para abrir um negócio. Juntos, estabelecemos que nossa intenção seria gerar um lucro de dois milhões de dólares no primeiro ano. Um ano depois, tínhamos um débito de 100 mil dólares.

Nossas intenções eram bem claras, criamos um plano detalhado, o colocamos em prática e trabalhamos arduamente. O que deu errado?

Mais tarde, olhando para trás, nos demos conta de que nossa intenção *verdadeira* era deixar nossos parceiros felizes, concordando em fazer o que eles queriam. Houve muitas ocasiões em que achávamos que algo deveria ser feito de maneira diferente, mas como acreditávamos que os sócios tinham mais experiência naquela área decidimos não interferir.

A curto prazo, nós os deixamos felizes. Fizemos aquilo de que eles gostavam, mas no final todos ficamos decepcionados com o resultado.

Os seus resultados vão *sempre* estar de acordo com as suas *verdadeiras* intenções.

Isso significa que, se você quer saber o que está acontecendo num nível mais profundo da sua vida, basta olhar para os resultados. Quando os seus resultados não estiverem de acordo com as intenções que você diz ter, observe mais atentamente para descobrir quais são suas verdadeiras intenções e aí trabalhe para mudá-las e mudar o modo como você experimenta a vida.

Quando as suas ações estão de acordo com as suas intenções, você pode criar o seu mundo a partir dessas intenções.

ATENÇÃO

Atenção é a consciência direcionada a determinado objeto. Todos nós damos atenção a algo em cada momento do tempo que passamos acordados. A vida muda quando o objeto de nossa atenção é uma escolha consciente.

No entanto, as pessoas, em geral, não se dão conta daquilo em que depositam sua atenção. Suas vidas são guiadas pelo hábito. Você segue uma rotina ao acordar? E quando vai para o trabalho ou fazer compras? Já teve a experiência de ir de carro a algum lugar e chegar ao seu destino sem saber bem como? Você foi dirigindo automaticamente, porque aquele caminho se tornou um hábito, mas sua mente pensava em outras coisas (ou seja, a sua atenção estava voltada para outras coisas). Quando uma atividade como dirigir para casa se torna hábito, basta ter a intenção de chegar em casa que você chegará.

Mas você pode usar a seu favor o fato de que nos habituamos às coisas. Comece cultivando hábitos de sucesso.

O que são hábitos de sucesso?

- Reservar um tempo todos os dias para rever as suas cinco maiores paixões.
- Deixar-se orientar por suas paixões quando for tomar uma decisão.
- Assumir a responsabilidade pela vida que você criou.
- Reservar um tempo todos os dias para rezar e/ou meditar.
- Fazer exercícios regularmente.
- Descansar adequadamente.
- Ajudar os outros regularmente.
- Consumir alimentos saudáveis que lhe dão mais clareza.
- Falar de maneira positiva e animar os outros com suas palavras.

Pense em outros hábitos de sucesso.

As pesquisas mostram que são necessários 21 dias para se criar um novo hábito. Não tente fazer tudo de uma vez. Escolha um novo hábito, domine-o, e só depois passe para outro.

Qual foi mesmo o mantra que ensinamos há pouco?

Aquilo em que você concentra a sua atenção passa a ficar mais presente na sua vida.

O segundo passo para que seu desejo se concretize é desenvolver o hábito de dar atenção a tudo aquilo que apóia a sua intenção e ficar indiferente às coisas que não a apóiam.

Um grande mestre disse certa vez: "A indiferença é a arma a ser usada em qualquer situação negativa da vida."

Ou seja, concentre sua atenção em tudo o que é bom na sua vida, lide com as situações que precisam ser resolvidas e não se concentre nas coisas que não apóiam aquilo que você escolheu criar.

Quando Janet percebeu que precisava adiar seus planos para cuidar da madrasta, ela poderia ter se convencido de que seu sonho jamais se realizaria. Se tivesse feito assim, ela provavelmente não estaria contando essa história fantástica.

Em vez disso, ela se concentrou no que precisava ser resolvido naquele momento e, no final, aquela aparente pedra no caminho se transformou num grande presente – de diversas maneiras.

Infelizmente, a maioria das pessoas concentra a atenção em todos os motivos pelos quais seus sonhos nunca se realizam. Por quê? Porque têm medo de não conseguir o que querem. Se você acha que algumas pessoas não realizam seus sonhos por preguiça, fique sabendo que essa preguiça é só um disfarce para o medo do fracasso que elas sentem lá no fundo.

Quando estamos dominados pelo medo, quando concentramos nossa atenção no que está dando errado em nossas vidas, na melhor das hipóteses só conseguimos criar paralisia e tédio. Na pior, criamos aquilo que tememos.

Mas todos nós sentimos medo de vez em quando. E o que fazer quando o medo nos atinge?

ENFRENTANDO O MEDO – A ABORDAGEM DIRETA

Se você é como Tellman Knudson, do site ListCrusade.com, você se anima e ultrapassa o medo com seu objetivo em mente. Aos 27 anos, Tellman decidiu criar um negócio multimilionário de vendas pela internet. Naquela época, ele trabalhava num cubículo de sua casa, com um ventilador barulhento e enferrujado para refrescá-lo nos dias quentes de verão e um drive de CD-ROM que ele precisava tirar do computador e chacoalhar quando queria colocar um CD.

Uma parte de Tellman estava morrendo de medo, mas a outra sentia-se totalmente animada com o desafio. Ele concentrou sua atenção na segunda parte. Escreveu e-mails para mais de 60 dos maiores comerciantes que vendiam pela internet. Meses se passaram. A maioria nunca respondeu. Ele continuou escrevendo. Finalmente, dois responderam, e Tellman começou a criar um relacionamento com eles. Seis meses depois, ele entrou em contato com Ric Thompson, nosso parceiro na *Healthy Wealthy nWise.*

Nos três primeiros meses do ListCrusade.com, Tellman montou uma lista com mais de 25 mil e-mails e faturou mais de 200 mil dólares em vendas. Passados nove meses, ele atingiu 800 mil dólares. Num período de dois anos, conseguiu gerar mais de 2 milhões em vendas.

Isso só aconteceu porque Tellman concentrou sua atenção naquilo que o deixava animado, e não no que lhe dava medo.

ENFRENTANDO O MEDO – A ABORDAGEM PASSO A PASSO

Se você não é como Tellman e sente que o medo o deixa paralisado, você precisa dar pequenos passos na direção do seu objetivo. Cada pequeno passo lhe dará confiança e reduzirá o medo, até que você consiga passar pela última gota de medo e atingir o resultado.

A cada passo, concentre sua atenção naquilo que já conseguiu. Algumas pessoas acham que afirmações ajudam. Por exemplo: "Sou capaz de atingir meus objetivos e tenho sucesso nas tentativas."

Pessoalmente, preferimos transformar a afirmação numa pergunta: "Qual é a minha qualidade que poderá ajudar a alcançar meus objetivos?" A mente é uma máquina fantástica. Quando lhe fazemos uma pergunta, ela tenta achar a resposta. Se você fizer uma pergunta como essa e não conseguir encontrar uma resposta, procure um amigo que o conhece bem e o valoriza. Peça-lhe para dar a resposta. Garantimos que ele será capaz.

Não fique surpreso se ele disser coisas de que você nem desconfiava, como, por exemplo: "Você faz as pessoas se sentirem bem ao seu lado", "Você é uma pessoa generosa e disponível" ou "Você me faz ver as coisas sob uma nova perspectiva".

Se você não vê coisas boas em si mesmo, é porque adotou o hábito de se criticar. Chegou a hora de mudar esse hábito. Lembra-se que dissemos que leva 21 dias para mudar um hábito?

Coloque essas perguntas em lugares por onde você passa todos os dias e, durante pelo menos 21 dias, reserve alguns minutos para escrever coisas boas a seu respeito. Consideramos isso tão importante que aplicamos o processo em nossas próprias vidas e lhe demos o nome de Jogo dos Elogios. Falaremos de todos os detalhes no capítulo 7.

Você irá descobrir que, ao concentrar a sua atenção nos seus pontos fortes, no quanto é capaz, nos motivos pelos quais consegue atingir seus objetivos, o medo irá desaparecer gradualmente e com notável facilidade os resultados que você deseja começarão a aparecer na sua vida.

Nenhuma tensão é exatamente isso. Criar intenções e concentrar a sua atenção nelas é um processo simples, que não exige esforço.

Independentemente de quem você seja, ou da situação pela qual está passando, você cria o seu mundo através daquilo em que concentra sua atenção. Não é preciso tentar. Você já faz isso naturalmente.

Não importa se você está no meio de um desastre, se é mãe solteira ou um magnata bilionário. A cada dia você cria a sua experiência de vida a partir das coisas em que concentra a sua atenção.

É uma escolha. Mas a maioria das pessoas não faz essa escolha. Sem perceberem, elas permitem que sua atenção vá para as coisas que mais temem. E adivinhe só o que surge na vida delas? Isso mesmo. As coisas das quais elas mais têm medo.

A pessoa que está no meio de um desastre pode escolher se concentrar no medo de morrer ou em como ajudar os outros ao redor. A mãe solteira pode escolher se concentrar no medo de não ter comida para os filhos ou naquilo que pode fazer por eles. O magnata bilionário pode se concentrar no medo de perder sua fortuna ou nas coisas boas que pode realizar com seu dinheiro.

Quando você passa a ter consciência das coisas em que concentra a sua atenção, isso se torna tão fácil quanto não ter consciência dessas coisas. A diferença é que agora você se dá conta do que está criando.

Se deseja avaliar o seu poder, observe a sua vida e o que criou de bom ou de ruim. É importante saber que, se você não está feliz, pode passar a criar de maneira consciente a partir de agora.

A sua lista de paixões e as ferramentas que partilharemos com você poderão inspirá-lo, encorajá-lo e lembrar-lhe o que é realmente importante na sua vida. Elas estão aí para ajudar você a concentrar sua atenção naquilo que lhe traz mais alegria e realização.

Se você perceber que resiste a descobrir suas paixões ou seus sonhos, isso significa que há um temor subjacente de não poder alcançar aquilo que deseja.

Quando se sente realmente apaixonado por algo, você não precisará fazer qualquer esforço para se concentrar nele, porque ele já estará exercendo uma atração irresistível sobre você.

"Eu tentei de tudo para fazer Janet se concentrar em outros projetos, mas nada desviava sua atenção dessa viagem à Índia", dizia Chris. Janet não fez qualquer esforço. Era como se a paixão a impelisse inexplicavelmente, como se tivesse vontade própria.

Quando você se sente animado ao escrever as suas paixões, quando seus objetivos são grandiosos mas alcançáveis, todas essas coisas naturalmente o atrairão para elas. Quando estiver triste, você se sentirá compelido a pensar novamente nelas, porque elas voltarão a deixá-lo feliz.

Quando seus pensamentos estão em sintonia com os desejos mais profundos do seu coração, a intenção, a atenção e a ausência de tensão são coisas naturais que surgem, sem nenhum esforço.

Os seus Marcadores

O Dr. Naram sabia de sua paixão por se tornar o mais famoso médico de aiurveda e por torná-la conhecida no mundo. Com a ajuda de seu mestre, identificou os "Marcadores" ou "Sinais" que lhe permitiriam saber se ele estava de fato vivendo sua paixão.

Tomar o pulso do Dalai-Lama, ser reconhecido por Madre Teresa, tratar mais de 100 mil pessoas e ter clínicas de aiurveda em todo o mundo eram coisas que lhe pareciam inatingíveis quando ele as anotou no papel. Mesmo assim, resolveu aceitar o conselho de seu mestre e escrever aquilo que ele adoraria criar em sua vida (suas intenções). Então deixou esses Marcadores presentes em sua mente (em seu foco de atenção) enquanto acumulava experiência na prática da aiurveda. Ele não os perseguiu, mas simplesmente deixou que eles surgissem de acordo com seu próprio ritmo perfeito (nenhuma tensão). E como eles surgiram!

Agora, estamos dando a você a mesma oportunidade. Pegue um papel em branco e escreva uma das suas paixões na parte superior. Depois anote de três a cinco marcadores que irão se manifestar quando você estiver vivendo completamente sua paixão. Eles lhe dirão que sua paixão está viva e presente em sua vida.

Por favor, não pense em como irá alcançar tais Marcadores. Apenas escreva. Eis um exemplo:

Paixão: Sou um pianista famoso em todo o mundo.

Marcadores:

1. Fiz concertos para chefes de Estado em todo o mundo.
2. Toquei com a orquestra filarmônica de Nova York.
3. Tenho um especial de TV dedicado a mim.
4. Ganho mais de um milhão de dólares por ano com as minhas apresentações.

Paixão: Viver o momento e confiar na minha intuição.

Marcadores:

1. Dou total atenção a cada pessoa que encontro e a todas as pessoas com quem convivo.
2. Cada dia é perfeito e os dias parecem fluir sem esforço algum.
3. Tenho uma percepção clara sobre qual é a melhor ação para mim em cada momento.
4. Os outros falam sobre minha autoconfiança e dizem como é maravilhoso quando estou por perto.

Agora é a sua vez. Crie uma página para cada uma de suas paixões e escreva os seus Marcadores para cada uma delas. Guarde essas páginas, porque você irá usá-las no próximo capítulo.

E lembre-se: as coisas nem sempre acontecem do modo como você acha que elas vão acontecer. Tomar conta da madrasta sem dúvida *não* estava na lista de Marcadores de Janet quando ela afirmou a paixão de passar seu tempo com pessoas iluminadas. Mas, ao permanecer aberta e receptiva, ela fez uma opção por suas paixões, mal sabendo o que estava por vir.

CAPÍTULO SEIS

Permitindo que o sonho se torne realidade

> Cada momento é um dom
> quando estamos abertos
> para o que está acontecendo no presente.
>
> – JANET E CHRIS ATTWOOD

"Quando eu soube que minha madrasta precisava de alguém para cuidar dela, tive certeza de que era algo que eu precisava fazer. Ao ficar aberta e receptiva ao que surgia em cada momento, adiei meu sonho de estar com os iluminados e fui para a casa de Margie, que agora havia se tornado a minha paixão número 1.

Foi uma das épocas mais bonitas da minha vida. Assim que entrei na casa, senti grande alegria. Tive total convicção de que essa oportunidade de ficar com Margie em seus últimos dias de vida era um presente. Nós duas havíamos passado por muitas coisas juntas.

Disse-lhe que me sentia privilegiada por tomar conta dela, e a resposta me levou às lágrimas: 'Janet, obrigada. Isso me deixa muito feliz. Estava com medo de ser um fardo para você.'

Aquela casa estava cheia de amor.

Fiquei chocada quando Margie faleceu, de modo silencioso e pacífico, depois de apenas uma semana, já que a previsão dada pelo médico era de cinco ou seis meses. Como minha irmã estava do outro lado do oceano, eu e meu irmão John precisamos lidar com os assuntos relacionados ao enterro e aos bens de Margie.

Antes de seu falecimento, perguntei a Margie se eu poderia criar uma cerimônia especial para ela. Disse-lhe que meus mestres espirituais ensinaram que a alma leva alguns dias até deixar o corpo. Para que a transição seja suave para o falecido, os amigos e parentes devem rezar, meditar, entoar cânticos e ler textos espirituais em sua presença. Margie adorou a idéia e disse que se sentiria honrada.

Eu e minha sobrinha Tonia demos banho em Margie e a vestimos com suas roupas preferidas. Colhemos centenas de flores na vizinhança e as colocamos sobre ela, deixando de fora só o seu belo rosto. Meu irmão e eu a cercamos com suas plantas favoritas e com as fotos das pessoas que ela mais amava. Depois, acendemos velas e incenso, criando um ambiente celestial para minha querida madrasta.

Durante o dia seguinte, meditamos e rezamos, lemos textos espirituais e tocamos para Margie suas músicas favoritas. No segundo dia, uma amiga minha que havia morado na Índia durante muitos anos mandou-me um e-mail dizendo que um grande santo, chamado Bapuji, estava em Orange County, a três horas de distância, e que eu precisava encontrá-lo para o meu documentário. Ela não sabia que minha madastra acabara de falecer.

Quando respondi contando o que estava acontecendo, ela mc deu um número de telefone. Liguei e consegui falar com Bapuji por meio de um intérprete. Depois de falar com aquele grande santo durante alguns minutos, ele me disse que viria no dia seguinte abençoar minha madrasta.

Fiquei simplesmente maravilhada! No horário combinado, um carro chegou e dele desceu um belo e idoso santo indiano, envolto nas vestes tradicionais e carregando rosas. Seus acompanhantes traziam uma enorme cesta de frutas.

Bapuji entrou na sala onde estava o corpo de Margie e sorriu. Senti que ele estava contente com o que havíamos feito até aquele momento. Deu a mim e a meu irmão uma rosa e pediu que, delicadamente, as colocássemos sobre o corpo de Margie. Depois ficou perto do corpo em silêncio durante muito tempo. Em seguida, fez um gesto para que John e eu nos sentássemos no chão e foi sentar-se no sofá perto de nós. Passou duas horas em silêncio nos fazendo companhia, acariciando suavemente nossas cabeças e derramando seu amor sobre nós.

Antes de entrar no carro, Bapuji virou-se para nós e disse:

– Vocês sabem por que eu vim?

– Não – respondi.

Então Bapuji nos fitou com o mais compassivo e amoroso dos olhares e afirmou, numa voz suave:

– Eu vim porque, quando vocês me falaram de sua madrasta, senti uma ligação tão profunda que achei que ela pudesse ter sido minha mãe numa vida passada.

Minha paixão de ficar em companhia dos iluminados começava a se realizar, de uma maneira que eu jamais imaginaria possível."

Isto ou algo ainda melhor!

O falecimento de Margie foi um choque para Janet. Outro choque igualmente grande aconteceu quando o irmão lhe disse, uma semana depois, que Margie havia deixado uma herança considerável e que ela receberia grande quantia em breve.

De repente, Janet tinha disponível todo o dinheiro de que precisava para fazer sua viagem à Índia – e este era um presente de sua querida Margie. Agora você entende por que dizemos "Isto ou algo ainda melhor!" no final dos Cartões da Paixão.

A experiência de Janet ilustra um dos segredos mais importantes que temos para compartilhar. Quando você deixa claro para si mesmo *quais* são suas paixões, não pode prever *como* elas serão alcançadas.

Eu sei que você pode estar pensando que foi tudo uma feliz coincidência e que não existe em sua vida um parente rico prestes a lhe deixar um monte de dinheiro!

Volto então a repetir. Você não pode imaginar *como* as suas paixões se realizarão. Janet jamais imaginaria que Margie iria morrer, deixando de herança um dinheiro mais do que suficiente para realizar sua paixão. A morte de Margie foi algo totalmente inesperado. O que Janet precisava era apenas permanecer aberta a tudo que surgisse, sem ficar presa a suas dúvidas sobre como sua paixão se realizaria.

As maneiras de realizar suas paixões podem se manifestar de diversas formas. A maioria de nós aprendeu que, quando queremos alguma coisa, precisamos planejar, executar o plano e, se formos bem-sucedidos, desfrutarmos o resultado.

Talvez seja assim que funciona para você, e também pode ser que, apesar do planejamento mais perfeito, nada pareça sair do jeito que você espera. Nesses momentos, tome cuidado com a tendência de pensar que há apenas uma maneira de realizar seus sonhos.

É necessário estar receptivo. Você precisa se dar conta de que as coisas boas na sua vida nem sempre aparecem da maneira que acha que irão aparecer. Quando acontecerem coisas diferentes das que você planejou, esperou ou quis, pare de se agarrar à sua vontade e abra-se para a vontade de Deus, para o poder de organização perfeito da Natureza. Observe como a sua vida se desenrola e aceite o que aparece no momento.

Quando a madrasta precisou dela, Janet percebeu que sua paixão por dar apoio e amor à família era mais importante naquele momento do que passar um tempo com pessoas iluminadas. Mas o amor com que ela se dedicou a Margie foi a base para o aparecimento de um santo iluminado em sua vida.

Antes de falarmos sobre as incríveis aventuras de Janet pela Índia, vamos criar o seu Painel de Sonhos, as suas Páginas da Paixão e escrever o discurso para o seu aniversário de 100 anos.

O seu Painel de Sonhos

Nosso amigo John Assaraf mora perto de San Diego, na Califórnia, numa casa deslumbrante no topo de uma montanha, com uma vista incrível. Seu sucesso no mundo dos negócios fez dele um milionário.

Há muitos anos, quando John morava em Indiana, ele criou o Painel de Sonhos – um painel com fotos de todas as coisas que ele desejava criar em sua vida. Uma das fotos era a da sua casa dos sonhos.

Ele colocou o Painel de Sonhos em seu escritório e o deixou lá durante um ano, como um lembrete constante das coisas que ele estava escolhendo criar. Ao fim daquele ano, guardou o Painel de Sonhos e nunca mais o olhou.

Dez anos depois, John e sua família tinham se mudado para a bela casa perto de San Diego. Um dia, ao limpar o sótão, ele se deparou com uma caixa contendo os seus Painéis de Sonhos e a colocou de lado para jogar fora mais tarde. Certa manhã, seu filho entrou em seu escritório e, ao ver as caixas, perguntou do que se tratava.

– São painéis que eu fiz antes de você nascer, com todas as coisas que eu queria ter um dia.

Ao puxar um dos painéis para mostrar ao filho, John ficou muito chocado. A foto que havia colado muitos anos antes era da mesmíssima casa em que ele e sua família estavam morando! Ele se esquecera completamente do painel e da casa que colocara nele. Mesmo assim, de alguma forma, a sua mente o atraiu para a casa que ele escolhera como o lar perfeito.

Contamos essa história por dois motivos. Primeiro (e mais importante): jamais subestime o poder da mente em criar o seu sonho. Segundo: montar um Painel de Sonhos é uma das coisas mais divertidas que você pode fazer para criar a vida dos seus sonhos.

Você pode fazer um pôster ou, como Chris, prender as fotos em um espelho grande. A vantagem dessa sugestão é que fica fácil adicionar e mudar fotos com o tempo. Janet colou suas fotos num caderno para poder olhá-las de vez em quando e sempre levá-las consigo.

Pegue uma pilha de revistas sobre tópicos relacionados às suas paixões e comece a pesquisar. Ou procure na internet as fotos que você deseja.

Corte as fotos das coisas que você quer ser, fazer ou ter e cole-as no seu Painel de Sonhos. Coloque o painel num lugar onde você possa vê-lo todos os dias para lembrá-lo daquilo que escolheu criar na sua vida.

Lembra-se do mantra que ensinamos lá atrás?

Aquilo em que você concentra a sua atenção passa a ficar mais presente na sua vida.

O Painel de Sonhos é uma maneira fácil de manter a sua atenção concentrada nas coisas que você realmente quer que sejam mais fortes na sua vida.

As suas Páginas da Paixão

Vamos então fazer o "dever de casa"? Vamos nos dedicar ao Painel de Sonhos, lembrando o quanto ele é importante se você quer viver de forma apaixonada.

É bem divertido criar esse Painel em grupo. Reúna seus melhores amigos e faça com eles seu Painel de Sonhos.

Vejamos o que você conseguiu até agora. Você já tem:

- As suas cinco maiores paixões.
- Seus Cartões da Paixão, colocados em lugares estratégicos.

- Os seus Marcadores.
- O seu Painel de Sonhos.

Por que você fez todas essas coisas?

Quando você é claro e preciso,
o que deseja irá se manifestar em sua vida,
mas só de acordo com o seu nível de clareza.

Você já está começando a ter uma idéia mais clara de como a sua vida poderá ser quando estiver vivendo suas paixões? Vamos passar para o estágio seguinte e criar as suas Páginas da Paixão.

No capítulo 5, você criou uma página para cada uma das suas cinco maiores paixões e anotou os Marcadores para cada uma. Agora, nessas mesmas páginas, escreva alguns parágrafos descrevendo o que aquela paixão significa para você.

Feche os olhos por um minuto. Imagine ou visualize sua vida vivendo plenamente essa paixão. Como se sente? Seus dias são diferentes quando você vive profundamente essa paixão? Existe alguma mudança no modo como interage com outras pessoas? Que impacto essa paixão tem na sua vida?

Assim que tiver uma visão clara de como será a sua vida quando estiver vivendo essa paixão, comece a escrever.

Faça isso agora.

Quando tiver escrito uma página para cada uma de suas cinco maiores paixões, faça uma pausa. Quando voltar a essas páginas dentro de alguns minutos, de uma hora ou mesmo amanhã, leia-as em voz alta para si mesmo.

Comece lendo as suas cinco paixões. Como se sente? Agora leia a página que você escreveu sobre cada paixão. Ao fim de cada página, pare, feche os olhos e imagine sua vida exatamente como a descreveu. Como se sente?

Mais um mantra para você:

**Primeiro eu crio a minha vida em minha mente,
e só depois a crio no mundo.**

Sua vida vai ser exatamente como você a imagina agora? Claro que não! Vai ser ainda melhor.

O objetivo de escrever essas páginas não é fazer você viver num mundo de sonhos, sem contato com a realidade. O objetivo é exaltar o seu sonho, inspirar você e fazer com que seu coração vá até lugares aos quais não conseguiria ir antes.

A sua vida sempre será melhor do que pode imaginar agora porque você está começando a criá-la conscientemente. Sua vida futura é o resultado de toda a evolução e crescimento que virão.

Sua vida se torna bem "pior" quando insiste que ela se manifeste do jeito que *você* acha que ela deve ser. Quando você insiste que o mundo se adeque aos seus conceitos e ele não se adequa, o que acontece? Você sofre.

Tudo na sua vida está estruturado para a sua evolução. As leis da natureza que governam cada aspecto da existência, incluindo nossas vidas diárias, foram feitas para apoiá-lo na descoberta dos aspectos mais profundos da sua própria natureza.

Quando lutamos contra a realidade, sempre perdemos. Quando você se dá conta de que cada aspecto da sua vida está trabalhando para que conheça cada vez mais plenamente a sua verdadeira natureza, a vida só pode ficar melhor.

Quando se abre para o modo como a sua vida está se manifestando neste exato momento e se livra da idéia de como ela "deve" ser, você cria a oportunidade para que os milagres aconteçam.

O seu 100º aniversário

Agora vamos juntar todas as peças que temos e transformar tudo no grande sonho da sua vida. Hoje você tem a chance de viajar no tempo para o seu 100º aniversário, daqui a muitos anos, quando estiver olhando para trás e examinando sua vida.

Imagine que hoje é esse dia. Os amigos e a família vieram festejar com você. Seu cônjuge, ou seu melhor amigo, vai fazer um discurso homenageando-o por todas as coisas que você partilhou com os outros durante toda a sua longa vida.

E você vai escrever esse discurso agora.

Qual o legado que você quer deixar? Como quer que as pessoas se lembrem de você? Seu discurso de aniversário de 100 anos irá se basear em tudo o que você fez até agora, na sua lista de paixões, nos seus Marcadores, no seu Painel de Sonhos e em suas Páginas da Paixão, fazendo um resumo de uma vida bem aproveitada. Inclua em seu discurso tudo o que escreveu até agora, porque você *pode* ter tudo o que escolher em sua vida.

Quando escrever o discurso, faça-o na terceira pessoa, como se o seu melhor amigo, ou sua mulher/seu marido, estivesse falando de você, de sua vida e da influência que você exerceu.

Essa é a sua chance de se soltar e falar sobre o tipo de vida que você de fato escolheu criar. Imagine-se nessa festa de aniversário. Como terá sido a sua vida se você viveu tudo o que o deixa feliz? Quem você amou e por quem foi amado? O que você criou e o que ensinou aos outros? Por que as pessoas se sentirão gratas por tê-lo conhecido?

Seu discurso de 100 anos provavelmente vai ter algumas páginas. Afinal, ele descreve a contribuição de toda a sua vida. Para ajudá-lo, eis um pequeno exemplo de algumas coisas que Chris pode dizer a respeito de Janet no 100º aniversário dela:

> "Obrigado a todos por virem até esse lugar que Janet ajudou a transformar num modelo de qualidade de vida para celebrar uma vida que transformou as pessoas pelo mundo afora. Não é surpreendente que haja mais de 5 mil pessoas aqui para celebrar os 100 anos dessa linda mulher que tocou tantos corações. A vida de Janet foi uma inspiração para todos

os que se comprometem a levar uma vida plenamente iluminada e cheia de paixão.

Janet provou, com seu exemplo, que milagres acontecem quando nos dedicamos totalmente a viver nossas paixões. Seus livros, seu programa de TV, seus filmes, suas revistas e programas de rádio tinham todos o mesmo tema: as suas paixões são as pistas para o seu destino pessoal.

A vida de Janet ensinou a todos nós como viver com a paixão que vem de um coração que não se fechou para ninguém, que tocou milhões de pessoas e fez de seu programa de TV o mais famoso do mundo.

Esse mesmo coração tão belo e amoroso tocou os fãs de cinema e fez com que ela ganhasse um Oscar por seu documentário pioneiro que fez com que os santos vivos de todo o mundo chegassem aos lares de milhões de pessoas.

Aqueles que a conhecem a chamam carinhosamente de Jani Ma, porque Janet de fato foi uma grande mãe para todos nós, mostrando-nos como descobrir nossos destinos pessoais e ter uma vida realmente útil.

Mesmo tendo grande sucesso comercial, Janet foi uma inspiração com sua filantropia. Ela doa 90% de sua renda todos os anos para causas que contribuem para a qualidade de vida no mundo.

Muito depois de ter deixado o plano físico, a influência de Janet continuará se exercendo através do trabalho de suas fundações e dos bilhões de dólares que elas distribuem todos os anos para desenvolver programas voltados para a saúde, agricultura orgânica, educação, capacitação profissional, planejamento comunitário, pesquisas científicas, artes e recuperação da dignidade humana."

Isso é uma breve amostra de um discurso de 100º aniversário. Lembre-se: você é uma pessoa única. As suas paixões o levam a expressar os seus dons particulares. Seu discurso não se parecerá com o de Janet ou com o de qualquer outra pessoa. Ele será único.

Seu discurso de 100 anos é a chance de expressar sua razão de ser neste planeta, de descrever como você partilha seus dons com o resto do mundo. Escreva seu discurso e veja como se sente.

Todos os exercícios neste livro têm apenas um propósito: dar-lhe maior clareza sobre como gostaria que sua vida fosse. São ferramentas que existem para ajudar a concretizar seus sonhos. Você não está escrevendo sobre o futuro, porque é impossível saber como ele será. Está anotando os seus sonhos, pensamentos e sua visão de mundo como eles se apresentam neste exato momento. Está escrevendo hoje sobre seus pensamentos e sentimentos de *agora.*

Esse processo irá atrair para você mais alegria, abundância, sucesso, paz e tudo o que você deseja. A forma como isso se dará quando o futuro chegar faz parte do mistério da vida.

É por isso que, ao fim de cada uma das coisas que escrevemos, sempre colocamos:

Isto ou algo ainda melhor!

Quando fez o Teste da Paixão, Janet não poderia ter imaginado o que seria esse "algo melhor". Naquele momento sua paixão era "passar o tempo com pessoas iluminadas". E o futuro sem dúvida lhe reservava uma surpresa!

CAPÍTULO SETE

O mundo é como você é

Aquele que tem uma razão para viver
consegue suportar quase qualquer situação.
– Friedrich Nietzsche

"Tendo resolvido o problema financeiro da viagem para a Índia, eu só precisava organizar os detalhes. Voltei a procurar Juliann, e ela comprou todo o equipamento de vídeo de que precisaríamos.

Depois, entrei em contato com amigos que poderiam me dizer quem eram os mestres mais iluminados da Índia e do Nepal. Usando meu talento natural para comunicação, consegui permissão para entrevistar alguns desses mestres.

Quando cheguei à Índia, um dos primeiros pontos que visitei foi uma pequena vila na parte oeste do país, lar de Prem Avadhoot Bapuji, o santo que nos havia visitado para reverenciar minha madrasta.

Bapuji nos convidou para ficarmos em sua casa, num vilarejo remoto fora de Ahmedabad, chamado Linch. Além dele havia mais 16 membros de sua família. Filhos, esposas, crianças e amigos viviam felizes na casa de Bapuji.

Era uma casa simples, mas bem bonita, limpa e arrumada. Bapuji nos cedeu um quarto para dormir e outro para meditar.

Minha primeira lição não estava longe de acontecer.

Na nossa primeira manhã, acordei às 4h30 e decidi meditar. Coloquei uma vela sobre a mesa no quarto de meditações e me concentrei.

Quando Juliann acordou, fui lhe dar bom-dia. Enquanto estávamos sentadas na cama, conversando e rindo, começamos a sentir um cheiro de fumaça. Olhei em volta e vi chamas no quarto de meditações.

Sempre tomo iniciativas em casos de emergência. Lembrei imediatamente que no banheiro do andar de cima havia dois baldes com água, e corremos para pegá-los. Não foi suficiente, e o fogo começou a se alastrar pelas paredes.

Corri para o quarto e peguei meu travesseiro. Tentei furiosamente apagar o fogo com ele, esperando que acontecesse algum milagre. Enquanto isso, Juliann saiu correndo e gritando 'Fogo! Fogo!'. Sem saber o que a palavra significava, os filhos de Bapuji levaram um certo tempo até entender.

Quando todos na casa perceberam o que estava acontecendo, começaram a levar baldes de água para o quarto. Em pouco tempo o fogo foi miraculosamente apagado.

Imediatamente, Juliann e eu fomos cercadas pelas esposas, filhos e por Bapuji, que queriam se certificar de que estávamos bem. Não manifestaram qualquer preocupação com a casa, o quarto queimado ou com os bens destruídos: oito malas cheias de coisas da família. Fiquei arrasada.

Assim que Bapuji e os outros constataram que estávamos bem, todos começaram a rir. Juliann e eu ficamos atônitas, sem ter a menor idéia do motivo do riso.

Bapuji então nos disse:

– Por favor, não se sintam mal. Isso foi uma bênção. – E foi embora, sorridente. Todos os outros membros da família sorriram, concordando, enquanto Juliann e eu ficamos lá, de boca aberta e com lágrimas nos olhos.

Eu me sentia humilde e abençoada. Abençoada por poder testemunhar o que é o verdadeiro amor. Eu tinha quase colocado abaixo a casa da família de Bapuji, o lar onde viveram quase toda a vida, e os únicos comentários deles foram 'Vocês estão bem?', logo seguidos de 'Foi uma bênção!'."

Como é possível que seja uma bênção quando seus pertences viram fumaça? Bapuji e sua família entendem que, para o novo ser criado, o velho deve ser destruído. Como a vida está em constante evolução, prender-se ao velho pode impedir que o novo apareça.

Bapuji e sua família também vêem criação e destruição como atos de Deus, pois acreditam que Ele é bom e que é tudo o que existe. Assim, não faz sentido sentir-se vítima, pois eles sabem que todos os atos de Deus são bênçãos.

Essa mesma idéia existe na Bíblia (1 Tessalonicenses 5:18): "Por tudo dai graças, porque esta é a vontade de Deus para convosco em Cristo Jesus".

Foi assim que começaram as aventuras de Janet pela Índia e pelo Nepal. Daqui a pouco diremos por que Janet voltou para casa afirmando que aquela tinha sido "a melhor experiência de toda a minha vida", mas primeiro queremos lhe dar algumas ferramentas que serão úteis na sua busca por uma vida cheia de paixão.

Temos ajudado milhares de pessoas com o Teste da Paixão. Por isso, quando encontramos alguém com grande dificuldade em acreditar que realmente pode realizar suas paixões, logo sabemos que se trata de um caso sério de "baixa auto-estima".

Você certamente conhece pessoas que, por mais que lhes digamos que são bonitas, inteligentes, e o quanto as amamos, parecem não ouvir, ou mesmo negam. O que sempre está por trás da baixa auto-estima é a crença de que "Eu não tenho valor e, portanto, não posso realizar meus sonhos".

Talvez você se lembre que Janet começou a pensar em diversas maneiras de conseguir viajar para a Índia. E viu que "o como" apareceu de uma maneira que ela jamais teria descoberto sozinha. Acreditamos que a forma – "o como" – de viver nossas paixões é estar em sintonia com o fluxo da lei natural, com o seu "eu superior".

Neste capítulo falaremos de uma poderosa ferramenta e de alguns princípios fundamentais que descobrimos serem essenciais para que você entre em contato com o seu "eu superior", a parte sua capaz de realizar todos os seus sonhos e de permitir que partilhe totalmente seus dons.

O Jogo dos Elogios (de Janet)

Sofri de baixa auto-estima por muitos anos. Poderia enumerar todos os motivos, mas falarei apenas de uma das ferramentas sugerida há muito tempo por minha amiga Marie Diamond e que realmente ajudou a transformar o modo como eu me via.

Chris e eu chamamos essa ferramenta de Jogo dos Elogios.

Todas as noites eu devia pensar no que havia feito naquele dia específico e achar alguma coisa de que eu gostava em mim mesma, ainda que fosse pequena. O exercício consistia em encontrar algo que eu pudesse elogiar em mim mesma.

No começo, esse exercício não foi fácil. Mas aos poucos fui percebendo que havia uma espécie de recompensa quando eu me sentia vítima. Foi interessante ir descobrindo por que eu não conseguia ver coisas boas em mim e escolhia sentir que não tinha valor, ou não era capaz, ou não era digna do amor alheio.

Descobri que a recompensa (e sempre há uma recompensa) de ser vítima era:

1. Conseguir chamar a atenção dos outros.
2. Conseguir fazer com que os outros sentissem pena de mim.
3. Conseguir desistir.
4. Conseguir me sentir inútil.
5. E assim por diante...

Bastante assustador, não concorda? Mas insisti no Jogo dos Elogios e ele me ajudou a mudar minha escolha: preferi finalmente focalizar minha atenção não só em minhas paixões como também nas coisas que eu conseguia realizar.

Para ilustrar a importância da auto-estima, eu falo, em minhas palestras, da história que Mark Victor Hansen e Bob Allen me contaram sobre um estudo feito com dois times de boliche.

Depois do jogo, o time de boliche A recebeu um vídeo editado mostrando apenas os erros. Os jogadores foram informados de que deveriam estudar o vídeo para melhorar seu desempenho.

O time de boliche B recebeu um vídeo editado mostrando o melhor desempenho dos jogadores. Foram informados de que deveriam estudar o vídeo para melhorar seu desempenho.

Os dois times jogaram mais uma vez. E quais foram os resultados? Ambos tiveram progresso, mas o do time que se concentrou em seu melhor desempenho foi bem maior.

Entendeu? Concentre sua atenção naquilo que você faz bem, nas suas vitórias. Você vai descobrir que a melhora será bem maior e mais rápida do que se apenas tentar consertar seus erros.

Agora, de volta ao Jogo dos Elogios. Você pode jogá-lo sozinho ou com alguém (é bem divertido com alguém que realmente o ama e valoriza).

Sente-se sozinho durante alguns minutos, no fim do dia, ou logo ao acordar. Faça uma lista de 10 qualidades suas de que você gosta, de coisas que fez naquele dia ou na véspera e de coisas boas que aconteceram. Não repita nada do que estava na lista nos dias anteriores. Faça isso todos os dias, durante uma semana, e veja como se sente em relação a si mesmo.

Praticar o Jogo dos Elogios não apenas permite que de fato veja todas as coisas boas que fez e foi como você terá maior consciência do seu valor e sua mente começará a eliminar todas as crenças que o impedem de realizar seus sonhos.

É divertido fazer o Jogo dos Elogios com alguém. Revezem-se. Descubra algo que você aprecia na outra pessoa e diga. Depois é a vez de a outra pessoa dizer alguma coisa que adora em você. Façam isso 10 vezes.

Agora joguem de novo, só que desta vez cada pessoa diz uma coisa que gosta em si mesmo, sem repetir nada do que foi falado antes. Preste atenção no modo como você se sente depois do Jogo dos Elogios – a respeito de si mesmo e do seu parceiro.

As sete chaves para uma vida de acordo com a sua paixão

A capacidade de viver de acordo com os princípios mais elevados é uma das características que distingue os seres humanos dos outros animais.

Descobrimos que existem certos princípios-chave que são essenciais para uma vida cheia de paixão. Vamos falar deles agora.

1. **Senso de compromisso.** As coisas só irão acontecer quando você se compremeter com algo. Para criar uma vida apaixonada, é fundamental comprometer-se em fazer escolhas a favor de suas paixões. Todos os dias você enfrentará situações que o obrigarão a priorizar algo em detrimento daquilo que mais ama. Preste atenção a esses momentos. Pare e diga pa-

ra si mesmo que suas paixões estão ameaçadas. Aprenda a dizer "não" com carinho. Diga assim:

"Agradeço o seu pedido, mas não posso fazer isso agora."

Fale de forma suave mas afirmativa. Se o outro insistir, persista na recusa, sempre com gentileza. Escolha as palavras de acordo com a circunstância. Lembre-se de primeiro elogiar, compreender e valorizar a outra pessoa, mas depois afirme o que deseja.

Por último, tenha sempre em mente o princípio-chave número 4 (Mantenha-se aberto). As circunstâncias podem mudar temporariamente. Quando Janet descobriu que Margie talvez não tivesse muito tempo de vida, o amor que sentia por sua madrasta prevaleceu sobre a vontade de passar o tempo com os iluminados. Então, comprometa-se com suas paixões, mas mantenha-se flexível.

2. **Clareza.** Se você quer que seu desejo se manifeste, é necessário ser claro e preciso. Já dissemos isso antes, mas é bom repetir. Desejos nebulosos dão origem a resultados nebulosos. Use as ferramentas deste livro e outras de que você gosta para ter absoluta clareza quanto ao que escolhe criar em sua vida. É importante saber que adquirir mais clareza é um processo contínuo. Faça o Teste da Paixão pelo menos a cada seis meses e reveja seus Marcadores e suas Páginas da Paixão pelo menos uma vez por ano.
3. **Atenção.** Aquilo em que você concentra a sua atenção torna-se mais forte na sua vida. Também já dissemos isso antes, mas avisamos que iríamos repetir frases como essa até que elas se tornassem parte do seu DNA! Observe todos os dias e em todos os momentos as coisas em que você concentra a sua atenção. Você irá atrair as pessoas, os lugares e tudo de que precisa para criar aquilo que focaliza. Quando mudar

seu foco para as coisas boas que estão surgindo na sua vida, vai perceber como ela se transforma.

4. **Mantenha-se aberto.** Talvez o seu maior bem não seja aquilo que você imagina. Quando você se abre para o que está surgindo, mesmo que seja diferente do que acha que deveria ser, se abre para a vontade de Deus para a sua vida. Esse é o caminho para viver o seu maior propósito e é também o segredo para superar qualquer obstáculo. Se você estiver aberto quando um problema acontecer, conseguirá beneficiar-se com as oportunidades que inevitavelmente surgirão. Ao permanecer aberta, Janet não apenas conseguiu desfrutar alguns dos momentos mais doces de sua vida com Margie como também pôde conhecer Bapuji e visitá-lo na Índia.
5. **Integridade.** Seja tão honesto com você mesmo quanto com os outros, e tão honesto com os outros quanto com você mesmo. O maior desafio que enfrentamos na vida é cumprir nossas responsabilidades para com os outros buscando ao mesmo tempo nossas próprias paixões.

Quando você prometer algo a outras pessoas, veja se os compromissos que assumiu estão de acordo com as suas paixões. Sempre que se comprometer com algo, cumpra. Se uma circunstância nova surgir, converse com a pessoa e peça permissão para renegociar o que foi combinado. Se a pessoa não quiser ou não puder fazer a mudança necessária, mantenha o combinado originalmente, mesmo que não seja confortável para você. Parece injusto? Pois faça isso algumas vezes e você passará a ter mais cuidado com os compromissos que assumir. E trate a si mesmo com igual respeito. Quando assumir qualquer compromisso consigo mesmo, lide com ele da mesma maneira como se fosse com outra pessoa, o que inclui renegociar o compromisso quando surgem novas circunstâncias. Janet não teria sido honesta com ela mesma se tivesse ignorado a necessidade de Margie e apenas tivesse dito: "Desculpe, mas agora me comprometi a ir ao encontro dos iluminados e não posso ajudá-la." Naquele momento, cuidar de Margie significava muito mais para Janet do que estar com os iluminados. Seja honesto consigo mesmo e, quando estiver em dúvida, pratique o princípio número 7 (Siga o seu coração).

6. **Persistência.** Muitos começam a jornada. Chegam ao fim aqueles que têm sucesso e uma vida cheia de realizações. Em seu clássico *Pense e enriqueça*, Napoleon Hill conta a história do homem que comprou terras com a intenção de extrair ouro. Ele descobriu o que parecia ser um enorme filão. Adquiriu então todo o maquinário necessário para minerar o ouro, mas, antes que começasse a ter um lucro significativo, o filão acabou. O homem cavou, cavou, até finalmente desistir e vender as terras e o maquinário por algumas centenas de dólares para um negociante de ferro-velho.

   Esse negociante consultou um especialista, que lhe explicou que o proprietário anterior havia falhado porque não entendia a natureza das falhas geológicas. Aconselhou o novo proprietário a persisitir na busca, dizendo que o filão deveria estar um pouco abaixo de onde o outro havia parado de cavar. O novo proprietário seguiu o conselho do especialista e encontrou milhões de dólares em ouro.

   Quando você leva uma vida realmente de acordo com as suas paixões, não é difícil persistir. Você descobrirá que não consegue parar, mesmo se quiser. Suas paixões mais profundas irão tomar conta do seu ser, por mais que você tente se controlar.

7. **Siga o seu coração.** Quando nada mais der certo, ouça o seu coração. A paixão surge do coração, não da mente. Ao se sentir confuso, perdido ou sem saber que direção tomar, simplesmente dê os primeiros passos e preste atenção no que

diz seu coração. Faça aquilo que você ama, siga os conselhos do coração. O caminho para a realização na vida surgirá diante de seus olhos.

Foi a melhor experiência da minha vida

– Como foi a sua viagem? – perguntou Chris.

– Sem sombra de dúvida, apesar das provações, foi a melhor e mais fantástica experiência de toda a minha vida – respondeu Janet.

E o que fez dela a melhor experiência? Havia uma paixão que consumia Janet por dentro em todos os momentos do dia. O que estava acontecendo na superfície não importava. Ficar doente, cair de uma montanha, viajar sozinha, nada podia abalar o amor que sentia por aquilo que estava fazendo.

Esse é um dos segredos ao qual você deve prestar bastante atenção:

Quando você vive de acordo com as suas paixões mais profundas e importantes, os altos e baixos da vida diária não são capazes de desviá-lo do seu caminho.

Janet conta um pouco de sua viagem.

"Não há maneira de descrever com palavras as experiências profundas e transformadoras que aconteceram nessa viagem. Mas gostaria que vocês tivessem uma idéia dos milagres que se tornam possíveis quando nos entregamos inteiramente às nossas paixões. Então vou falar um pouco dessa fantástica aventura.

Depois do incêndio na casa de Bapuji, Juliann e eu fomos para o Nepal. Caminhei até o topo das montanhas para visitar os santos, com meu guia e o equipamento de filmagem. Em todos os lugares aonde eu ia, as pessoas me recebiam com amor."

VOCÊ NÃO É O SEU CORPO

"Eis uma pequena amostra de como foram essas experiências.

Descobri-me numa sala de hospital com um mestre aghori (aghori é uma tradição que busca a libertação ao entregar-se a tudo, incluindo às coisas que a maioria das pessoas no mundo considera 'ruins' ou 'impuras'). Eu havia encontrado o mestre aghori um ano antes. Ele fora o mestre do Dr. Pankaj Naram, que havia me contado diversas histórias sobre o fantástico conhecimento daquele homem. Ele dizia que a busca por poderes era um desperdício de vida. 'Deixe que o ser humano busque a realização do eu, e então todos os poderes que ele desejar lhe virão', era o seu conselho.

Pankaj havia me levado para visitar seu mestre aghori e explicou, triste, que ele estava com câncer no ouvido. Disse que perguntara ao aghori por que isso havia acontecido.

– É o meu carma, chegou a minha hora de sair deste mundo – respondeu simplesmente.

Quando voltei para o Nepal, visitei o aghori no hospital e fiquei totalmente comovida com o amor que ele demonstrou ao me receber. Quando o deixei pela última vez, perguntei:

– Mestre, existe mais alguma coisa que eu precise saber?

– Você não é o seu corpo – ele respondeu.

Enquanto eu viajava pela Índia nos meses seguintes, pensei nisso diversas vezes, sempre que meu corpo estava enjoado e vomitando, tendo diarréia e dores de cabeça muito fortes. 'Ainda bem que eu não sou o meu corpo!'

Num nível mais profundo, compreendi que o mestre aghori estava me dizendo que a realidade da vida transcende a forma física do corpo. Quando paro de me identificar com o corpo, me abro para a consciência sem limites do puro eu. Esse é o domínio da bem-aventurança, da verdadeira realização.

A paixão leva à satisfação porque nos ajuda a ficar mais intimamente ligados à nossa natureza mais profunda. É por isso que dizemos que as suas paixões são as pistas para seu destino pessoal. Afinal, seu destino é a expressão espontânea do seu puro eu."

PERMANECER ABERTO

"O caminho da paixão toma rumos interessantes. E sem dúvida estava prestes a fazer um grande desvio, no meu caso.

Na hora de partir do Nepal, Juliann veio me dizer que iria ficar. Quando lhe perguntei a razão, respondeu:

– Preciso descobrir qual é a minha paixão.

Fiquei profundamente chocada. Juliann era minha produtora, a especialista que sabia como fazer a câmera funcionar, usar os microfones e gerenciar toda a filmagem. Mesmo assim, num nível mais profundo, eu sabia que isso deveria ser uma bênção. Tudo sempre era.

Poucas horas antes de pegar meu avião até Delhi, Juliann me deu um curso rápido sobre como usar o equipamento.

Chris e eu escrevemos um livro chamado *From Sad to Glad* (Da tristeza à alegria), sobre como permanecer aberto em meio às mudanças. Naquele momento tive a oportunidade de colocar em prática o que escrevera. Rezamos juntas, e eu embarquei.

À medida que viajava de um lugar para o outro, as pessoas me falavam de diversos grandes mestres."

O AMOR NÃO CONHECE LIMITES

"Fui até o sul com meu amigo Martin, para o ashram de uma grande santa, Mata Amritananda Mayi, carinhosamente conhecida como 'Amma', ou 'Ammachi'. Ela ficara conhecida no mundo inteiro como 'A Santa que Abraça', porque é capaz de passar 24 horas, ou mais, dando amor para milhares de pessoas por meio de abraços.

Chegamos ao ashram de Amma, e imediatamente nos levaram para cumprimentar aquela fantástica mulher. A presença de Amma é notável. Ela produz um imenso impacto no mundo por causa das enormes doações que suas organizações recebem e que são usadas para criar hospitais, orfanatos e todo tipo de serviços de caridade. Depois do tsunami que atingiu o Sul da Índia e o Sri Lanka em 2004, Amma conseguiu mais de 23 milhões de dólares para a construção de casas para os desabrigados e mais 1 milhão de dólares para as vítimas do furacão Katrina nos Estados Unidos.

Em seu ashram, Amma fica cercada por milhares de devotos e comanda aquele lugar com amor, firmeza e disciplina. Estar na sua presença é como estar na presença do divino. Não há palavras para descrever.

A capacidade de doação de Ammachi parece ilimitada, e ela realiza qualquer serviço, por mais humilde que seja, para manter o ashram. Essa mulher é um exemplo vivo de generosidade, uma autêntica personificação do amor.

Considero-me extremamente afortunada por ter passado uma semana no ashram observando aquela grande santa em ação."

"Continuei até Mysore e, depois de passar uma semana no Centro de Aiurveda Indus Valley, um dos resorts mais sublimes, confortáveis e luxuosos que se pode imaginar, fui ao encontro de Swamiji Krishnamurthy, em sua fazenda, a mais ou menos duas horas de Bangalore.

Swamiji é uma fonte de sabedoria. Faça-lhe uma pergunta e você receberá uma descrição completa daquele aspecto da vida. É como se não houvesse nada que ele não compreendesse profundamente.

Fiquei sentada durante horas, fascinada, ouvindo-o descrever a natureza da realização, a experiência do Ser, o significado do contato com a Fonte, o propósito da existência, e a natureza efêmera de tudo aquilo que, no Ocidente, consideramos a natureza de nossa vida.

Depois de seus monólogos, Swamiji me levava para conhecer a fazenda, as plantações, experimentar o sabor de mangas e uvas e desfrutar a extraordinária beleza do lugar onde ele reside.

Na Índia há uma antiga tradição que diz que devemos sempre tratar nosso convidado como se fosse Deus. Swamiji e sua família me fizeram descobrir o que isso significa.

Foi, de fato, uma experiência fantástica."

QUANDO O BEM ESTÁ DISFARÇADO

"Segui depois de avião até Uttar Kashi, que fica bem no alto do Himalaia. É um lugar conhecido como o Vale dos Santos, para onde se sentem atraídos aqueles que escolheram se afastar do mundo, em suas buscas espirituais.

Lá encontrei Pilot Baba, um guru conhecido em toda a Índia. Ele me convidou para ir com ele e alguns de seus seguidores a Gomukh, a nascente do Ganges, o rio sagrado, que surge de uma geleira, bem no alto do Himalaia.

– A subida até lá pode ser bem difícil – ele advertiu. – Tem certeza de que consegue?

– Sem dúvida! – eu disse com entusiasmo.

A possibilidade de visitar aquele famoso lugar de peregrinação era tão irresistível que não me preocupei em procurar roupas adequadas. Juntei-me a um grupo de devotos japoneses de Pilot Baba, e lá fomos nós.

Foram sete horas de subida, numa grande altitude, e metade do tempo passamos tentando escalar pedras e grandes rochas. Depois de duas horas de subida começou a nevar e o frio ficou intenso. Quando parávamos para descansar, meu corpo inteiro tremia e eu sentia dores na cabeça e no estômago. A emoção e o desconforto eram tantos que comecei a chorar enquanto caminhava.

Quando estávamos quase em Gomukh, paramos num acampamento para descansar durante a noite. Os outros peregrinos acorreram para me ajudar, pois meu sofrimento era visível. Mal caí num catre de lona, um médico de Ahmedabad miraculosamente apareceu. Depois de me examinar, disse que eu estava doente por causa da altitude. Não era nada muito sério, bastava tomar as pílulas que ele deixou comigo.

Um pouco mais tarde, um médico homeopata chegou e também me deu alguns remédios. Depois, um sadhu indiano (um asceta, ou renunciado) veio me ver e deu-me uma folha de *tulsi* para mastigar lentamente. Uma bondosa mulher apareceu e me emprestou uma de suas calças jeans, para que eu ficasse mais aquecida. Outra pessoa trouxe meias e luvas quentinhas, e logo me senti melhor.

Foi uma experiência fantástica: estar a milhares de quilômetros de casa e ainda assim ser tão bem cuidada.

Essa foi outra lição muito preciosa. Quando você segue o caminho das suas paixões, recebe apoio de onde jamais imaginaria. A sua missão é dar o que de melhor possui e estar aberto a todo o bem que vem de lugares inesperados.

Fique alerta. Às vezes, o bem que recebemos está disfarçado de algo aparentemente desconfortável ou indesejável, como os meus problemas de saúde devido à altitude. Quando isso acontecer, mantenha-se sempre aberto para descobrir o bem dentro do desconforto.

Na manhã seguinte, o sol brilhava e eu me sentia nova em folha. Durante o resto da caminhada até a nascente do Ganges, fiquei maravilhada. Picos altíssimos perfuravam o céu, pairando soberanos sobre o mundo, com sua inerente majestade.

Quando cheguei em Gomukh, juntei-me a outros peregrinos que tinham ido até lá para mergulhar nas águas gélidas da torrente chamada Ganges, que emergia de debaixo de uma enorme geleira. Tapahs, que era o mestre na arte do controle da respiração, sentou-se naquela água por quase cinco minutos, até eu insistir para que ele saísse. Tudo o que eu podia fazer era molhar um pouco as mãos naquela água sagrada mas absurdamente gelada.

Minha lembrança mais nítida dessa época são as emoções profundas que vieram à tona. A enormidade espiritual daquele lugar e dos momentos indescritíveis que lá vivi me levou às lágrimas.

Enquanto subia as rochas para ver melhor a nascente do Ganges, meu pé escorregou e caí pelas pedras, parando a uns 30 centímetros das águas furiosas do rio. Ao ser resgatada, tive a sensação de ter chegado bem perto da morte."

"Voltei para Uttar Kashi e passei alguns dias lá recuperando-me numa belíssima casa de hóspedes. Não sei como descrever a experiência sublime que vivi nesse lugar. Passei meus dias à beira do Ganges, cercada por montanhas gigantescas, cobertas de árvores, sob um céu extremamente azul. Enquanto meditava profundamente, entendi por que os santos escolheram o Himalaia para atingir o divino. Ali era muito mais fácil.

Em Uttar Kashi ouvi falar sobre uma santa da Inglaterra que vivia numa pequena cabana à beira do rio. Ao ouvir as histórias sobre sua pureza e seu amor, soube que precisava encontrá-la.

Nani Ma morava há mais de 30 anos na Índia. Passou vários meses em Gomukh, que eu visitara recentemente, mergulhando nas águas gélidas do Ganges três vezes por dia, num ritual de purificação.

Depois de muito insistir, finalmente consegui entrevistá-la. Nani Ma não é uma mulher bonita. Sofreu um acidente de carro quando era criança, e um de seus olhos ficou um centímetro acima do nível do outro. Seus dentes estão em situação deplorável, e ela mal tem cabelo.

No entanto, assim que ela começou a falar, entendi o que é a verdadeira beleza. Aquela fantástica mulher se expressava com tamanho conhecimento, e sua linda alma transparecia de maneira tão completa que Nani Ma se transformou numa bela deusa diante dos meus olhos.

Com lágrimas escorrendo pelo rosto, eu mal conseguia segurar a câmera. Jamais vira tamanha transformação.

– Nani Ma – eu disse, chorando. – Muito obrigada. Você realmente me mostrou o que é a verdadeira beleza.

Mais uma vez eu compreendia por que conviver com os iluminados é uma paixão tão grande para mim. Aquela mulher era diferente de qualquer pessoa que eu já conhecera. Ela tem um entendimento profundo da vida, suas palavras são simples e claras e o amor transborda de cada um de seus gestos.

Pouquíssimas pessoas sabem da existência de Nani Ma, e mesmo assim não tenho a menor dúvida de que sua qualidade silenciosa exerce um profundo efeito em algum nível, assim como as atividades ilimitadas dos outros santos."

QUANDO AS SUAS PAIXÕES COMEÇAM A VIR ATÉ VOCÊ

"Voltei da Índia há algum tempo. Depois de vários meses viajando por lá, conhecendo as pessoas mais milagrosas que já encontrei, minha paixão por passar mais tempo com os iluminados continua a ser correspondida continuamente.

Desde que voltei para casa, meus amigos santos vêm ao meu encontro e alguns se hospedam comigo por semanas ou meses, enchendo a casa de riso, sabedoria e amor.

Minha vida se transformou numa série de milagres. Em meu próximo livro, *The Saints Speak Out* (Os santos falam claramente), contarei todos os detalhes dessa fantástica viagem, mas espero que vocês tenham tido uma amostra do motivo por que considerei esta 'a melhor experiência da minha vida'.

A viagem foi a mais fantástica experiência da minha vida sobretudo porque aprendi o que é de fato possível quando você se entrega por completo àquilo que ama. Aprendi que o dinheiro surge quando você precisa. Aprendi o quanto é importante se desvencilhar das próprias idéias sobre como nossas paixões serão realizadas e permanecer aberta ao modo como a vida se manifesta. Aprendi que os obstáculos e desafios ao longo do caminho não têm a menor importância quando se sente o fogo da paixão dentro de si – com esse fogo, qualquer obstáculo pode ser superado.

Talvez o mais importante de tudo foi ter reforçado minha convicção de que Deus é bom e que Ele é tudo. Quando me disponho a deixar minha vontade de lado e me abrir à vontade de Deus – ou seja, ao modo como a vida se manifesta –, a existência se torna uma aventura incrível, constantemente gratificante."

O poder da paixão

– Como foi a sua viagem? – perguntou Chris.

– Sem sombra de dúvida foi a melhor e mais fantástica experiência de toda a minha vida – respondeu Janet.

Como será a melhor e mais fantástica experiência da sua vida? Esperamos que já tenha entendido que *você* tem o poder de criá-la.

Você está criando a sua vida e o seu mundo a cada momento. Quer comprovar o seu poder? Basta olhar para a sua vida e constatar que ela é hoje o resultado dos pensamentos predominantes que você teve até agora. Se deseja que sua vida mude, é preciso mudar sua mente. E isso não é difícil.

Em que você irá concentrar a sua atenção? O que aprendeu com a história de Janet?

Eis algumas das coisas que esperamos que você tenha entendido:

- Sua vida não será do modo que você acha que será.
- Tenha clareza sobre o que deseja e "o como" começará a aparecer.
- Seu desafio é permanecer aberto, receptivo, abandonar os conceitos de como você acha que a vida deve ser e aceitá-la como ela é.
- Você saberá que está vivendo de acordo com suas paixões quando lhe acontecerem coisas que, apesar de os outros con-

siderarem incômodas, ruins ou indesejáveis, não o perturbarão, porque você se sente motivado por seu fogo interior.

- Esteja preparado para encontrar bênçãos em situações e circunstâncias que no começo podem parecer difíceis e problemáticas (por exemplo, o falecimento da madrasta de Janet ou seu mal-estar por causa da altitude no Himalaia). Aprenda a encontrar a bênção.
- É preciso ter coragem para seguir o próprio caminho. Cerque-se de pessoas que apóiam você na sua busca por seus sonhos. Evite passar tempo na companhia de pessoas que tentam destruí-los.
- A paixão é uma jornada, não um local de destino. Todos os dias, faça escolhas a favor das suas principais paixões e logo você terá uma vida apaixonada.
- Quando você ama o processo, os resultados se arranjam sozinhos.
- A vida existe para a desfrutarmos. O propósito da vida é a expansão da felicidade. Quando parece ser o contrário, você está longe do caminho do seu destino. Observe sua vida e pergunte-se: "O que eu preciso mudar para fazer uma escolha a favor das minhas paixões?"

A paixão tem o poder de transformar sua vida. Quando você descobre quais são suas paixões mais profundas, entra em contato com a sua própria essência. Quando vive de acordo com suas paixões, seu destino se cumpre de maneira natural, sem esforço.

Quando isso acontece, a vida se torna um campo cada vez maior de alegria, felicidade e realização. As velhas inconveniências, desafios, obstáculos e desconfortos continuam, mas a diferença é que, no caminho da paixão, elas não têm muita importância.

Nas páginas anteriores falamos de ferramentas que ajudam você a ter uma clareza cada vez maior a respeito de suas paixões e das coisas que mais lhe importam. Fazemos questão de repetir: a clareza é muito importante para criar a vida dos seus sonhos.

Agora que você tem as ferramentas, vamos falar das experiências, da sabedoria e dos sábios conselhos dos mestres da transformação do Ocidente e do Oriente. Sobre como obter sabedoria, Benjamim Franklin aconselhou:

> **Existem duas maneiras de obter sabedoria: você pode comprá-la ou tomá-la emprestada. Ao comprá-la, você paga caro em termos do tempo e do custo necessários para aprender as lições. Ao tomá-la emprestada, você vai ao encontro de homens e mulheres que já pagaram o preço para aprender as lições e recebe a sabedoria deles.**

Quando toma emprestada a sabedoria daqueles que já pagaram o preço por ela, você cria um atalho até o caminho que leva à realização do seu próprio destino. Na segunda metade deste livro falaremos das ferramentas essenciais para seguir a estrada cósmica que leva à realização do seu destino.

Também partilharemos com você entrevistas que fizemos com algumas pessoas notáveis no Ocidente, para que você possa pegar emprestada a sabedoria necessária para uma vida cheia de paixão.

Parte Dois

Criando a Vida que Você Escolheu

Você só é tão poderoso quanto os seus mentores.

– Mark Victor Hansen e Robert G. Allen

CAPÍTULO OITO

Você se torna aquilo que você pensa

É a combinação de amor e pensamento que forma a força irresistível da lei da atração.

– CHARLES HAANEL

Você se lembra da fórmula de nosso amigo Bill Levacy para criar a vida que você escolheu viver?

Intenção – Atenção – Nenhuma tensão

Já passamos pela parte da intenção. Você se comprometeu a viver de acordo com suas paixões. Ao fazer o seu discurso dos 100 anos, você criou uma imagem clara de como será a sua vida apaixonada. A função da primeira metade deste livro foi ajudá-lo a esclarecer quais são suas intenções. O que você realmente quer criar em sua vida?

Vamos agora tratar da atenção.

Você atrai para sua vida aquilo em que concentra a sua atenção. É a Lei da Atração. Quando deposita a sua atenção naquilo que lhe traz alegria, felicidade e realização, você consegue mais coisas desse tipo. Quando concentra a atenção no que há de errado ao seu redor, em todos os motivos para ficar insatisfeito, você fica mais insatisfeito.

Aquilo em que você concentra a sua atenção passa a ficar mais presente na sua vida.

Quando se deparar com qualquer experiência, concentre sua atenção nas idéias, nos princípios e nos conceitos que têm a ver com você e que servirão para melhorar sua vida. Coloque-os em prática. Aprenda com a experiência.

Quando você ouve pessoas criticando, repreendendo ou achando defeitos em algo ou alguém de quem gosta, existe uma escolha. Você pode se concentrar no fato de que essas pessoas estão erradas. Pode dirigir sua atenção para as palavras negativas que elas dizem. Ou pode se perguntar: como usar essa informação para ter maior clareza? Qual é o dom que isso traz?

Usar a atenção para atrair o que você escolheu ter na vida pode gerar mudanças práticas e valiosas no seu relacionamento com qualquer pessoa, principalmente com aquelas que ama. Janet tem uma história para contar:

> "Alguns meses antes de se casar, uma grande amiga veio falar comigo, porque estava preocupada com o noivo.
>
> – Peter não tem a menor idéia sobre como administrar dinheiro. Eu morro de medo de colocar as minhas suadas economias junto com as dele e perder tudo – confessou Jody.
>
> Ela continuou:
>
> – Peter compra as coisas impulsivamente, gasta dinheiro com a maior facilidade. No fim do mês, não consegue pagar as contas. Eu o amo muito – dizia ela com lágrimas nos olhos –, mas não sei se consigo conviver com isso.

Era difícil ver Jody tão triste, e Peter também era um grande amigo meu. Não queria me meter na vida dos dois; decidi que a melhor coisa a fazer era ser uma boa ouvinte.

Depois de desabafar durante meia hora, Jody disse que se sentia melhor por ter podido falar com alguém e ficou muito feliz por eu não lhe dar conselhos.

– Muito obrigada por me ouvir, Janet. Vou para casa pensar na resposta. Se eu pedir uma resposta que chegue de dentro de mim, sei que ela virá. Sempre vem – ela disse.

Três meses depois, Jody me procurou dizendo que tinha uma ótima notícia. Estava absolutamente radiante.

– Peter teve um retorno de 100% do seu dinheiro! – exclamou.

– Nossa, Jody, que ótimo! Como isso aconteceu tão rápido?

– Bom, eu fiquei pensando em como poderia apoiar Peter nessa questão de dinheiro sem fazê-lo se sentir criticado. Finalmente, um dia, achei a resposta. Decidi que, em vez de agir como a ex-mulher dele, que reclamava sem parar, eu iria fazer exatamente o contrário. Aproveitaria todas as oportunidades para dizer, de forma honesta e verdadeira, o quanto ele era fabuloso ao lidar com as nossas finanças. Então, sempre que Peter fazia alguma coisa responsável e planejada com nosso dinheiro, eu manifestava minha alegria e dizia o quanto era maravilhoso estar com um homem realmente capaz de tomar conta de mim. No começo ele não acreditou muito, mas, à medida que fui repetindo esses elogios, o rosto de Peter se iluminou e ele pareceu seguro e confiante.

– Isso é maravilhoso, Jody! Que bom para você! Mas o que você fazia quando ele perdia dinheiro? Imagino que ele não tenha mudado do dia para a noite. Como você lidou com isso? – perguntei.

Ela respondeu me olhando direto nos olhos:

– Eu ficava quieta. Era muito difícil, mas eu conseguia. – Fez uma pausa e continuou: – Pode ter certeza, Janet: ficar quieta foi uma das coisas mais difíceis que já fiz na vida. Às vezes eu achava que ia enlouquecer por não poder gritar o quanto ele era irresponsável e descuidado. Mas quando me segurava para não reclamar, como sempre fiz no passado, eu sempre saía ganhando. Peter ficava mais feliz, eu ficava mais feliz, todo mundo ficava mais feliz! Então a grande vitória não foi apenas o fato de Peter dar uma total reviravolta no jeito de lidar com as finanças, e sim que fui capaz de dar uma reviravolta total naquilo em que concentro a minha atenção, o que realmente me deixou muito mais feliz. E a maior vitória de todas é que... Peter e eu estamos totalmente apaixonados e vamos finalmente nos casar. Você vai ao casamento, não vai?

– Não vou perder o seu casamento por nada neste mundo, Jody."

Quando você se dá conta de que em todas as coisas que experimenta na vida existe algum tipo de benefício, acaba descobrindo que não precisa lutar contra mais nada nem adotar uma atitude defensiva. E não apenas isso: você descobre que acaba atraindo as pessoas, as situações e os recursos necessários de uma maneira que jamais poderia imaginar. E aí a vida se torna mágica.

Vamos analisar isso num nível mais profundo. Você se lembra de Nani Ma, a maravilhosa santa que Janet descobriu vivendo às margens do rio Ganges, bem no alto do Himalaia? Ela passou os últimos 35 anos de vida escondida nas montanhas, devotando-se à experiência da verdade. Eis o que Nani Ma disse a respeito da Lei da Atração e de algumas das idéias que partilhamos com você.

"A maneira de criar qualquer coisa que desejamos em nossas vidas é dar tal coisa aos outros. Às vezes as pessoas acham que querem dinheiro, um bom emprego ou um marido, mas todos desejam apenas uma coisa: ser felizes. Buscamos essas coisas porque desejamos a felicidade.

A maneira de ter felicidade é dar o que você deseja ter. Num plano relativo, a vida é como um espelho. Você recebe exatamente aquilo que faz.

Então, se quer receber felicidade, você deve dar felicidade. Se quer receber amor, deve dar amor. Se quer receber respeito, deve dar respeito.

Para receber amor, para ser feliz e ter sucesso na vida, é preciso estar aberto. Abrir nossos corações, abrir nosso ser. Se ficarmos abertos, tudo flui para dentro de nós.

E para atrair o que deseja em sua vida, para usar a Lei da Atração, você deve se comprometer por completo. Devemos nos comprometer com aquilo que queremos, e o que queremos é amor e felicidade. Então devemos nos comprometer em dar todas essas coisas, em ter harmonia na vida, de acordo com a criação de Deus.

Se uma pessoa não se compromete, fica confusa, perde o foco. Sabemos que é da concentração que vem o poder. Se não temos foco, não há poder, e tudo se perde. Se você quer que algo tenha força, se quer ter certeza de algo, se deseja que algo funcione, precisa se comprometer."

Enquanto conversava com Nani Ma, eu quis saber por que o impulso de servir aos outros cresce poderosamente quando passamos a viver mais de acordo com nossas paixões. Em minha experiência, senti-me atraída para trabalhar com mulheres de rua e apoiar projetos para jovens infratores. Nos negócios, o sucesso só surge quando você realmente se coloca a serviço dos seus clientes. Aqui está a resposta de Nani Ma:

"Quando servimos às outras pessoas, esquecemos de nós mesmos, saímos de dentro de nós. A tristeza da vida consiste em ficarmos perdidos em nossos egos. Quando servimos aos outros, tendemos a esquecer de nossas pequenas exigências por algum tempo. Então brilhamos por dentro, Deus brilha, nossa verdadeira natureza brilha, e isso é felicidade.

Os corações de algumas pessoas iluminadas já estão abertos. Elas não têm mais ego. Estão em êxtase. Têm compaixão. Já se sentem perto de Deus. Não há mais nada a obter na vida, e usam seu corpo para ajudar os outros, para ajudar pessoas que ainda não compreenderam que Deus está em tudo. Para ajudar pessoas que não têm felicidade em suas vidas e que sentem dor. É natural que as pessoas iluminadas queiram ajudá-las a abandonar suas tristezas. Para o iluminado, isso é totalmente natural, porque ele já tem tudo na vida."

Quando meu tempo com Nani Ma já estava chegando ao fim, quis saber qual a relação entre a Lei da Atração e a compreensão de que, no fundo, todas as vidas estão ligadas.

"Quando esquecemos nosso eu e começamos a amar os outros, recebemos amor, que é tudo o que desejamos. Quando recebemos e damos amor, compreendemos o conceito de fraternidade. E quando nos aprofundamos na fraternidade, ela se torna a unidade.

Todos precisamos das mesmas coisas e todos queremos as mesmas coisas. Então a Lei da Atração se baseia no amor. Não estou falando em atrair coisas mundanas, e sim em atrair o que os seres humanos realmente desejam, aquilo de que realmente precisam, que é estar em harmonia e ser somente um com todos os demais.

Todo o restante é superficial. São como pequenos gravetos que flutuam num rio muito fundo. Mas o rio muito fundo é o amor e a harmonia que sentimos entre nós e que estão diretamente relacionados à nossa unidade. Quanto mais fundo formos, mais perto estaremos dessa unidade. Apenas quando estamos na superfície desejamos coisas pequenas e não entendemos o que realmente queremos.

Quando pensamos que queremos isso ou desejamos aquilo, devemos ir mais fundo para descobrir o que realmente queremos. Então descobriremos que o que realmente queremos é apenas felicidade e amor. Para termos felicidade e amor, devemos dá-los, e quando os damos quebramos as barreiras que separam as pessoas. Ao fazer isso, descobrimos que só existe a unidade, e nada mais."

CAPÍTULO NOVE

Renunciando ao cargo de diretor-geral do Universo

> Quando já fizemos todo o possível,
> a solução é entregar-se. Coisas
> extraordinárias passarão a acontecer.
>
> – Debbie Ford

Faça uma lista de todas as coisas que você pode fazer para começar a viver de acordo com suas paixões e seus Marcadores. Se quiser, reúna alguns amigos mais próximos, e descobrirá como é divertido ter idéias inspiradoras em grupo.

Quando conseguir imaginar tudo o que pode fazer, utilize um processo similar ao do Teste da Paixão. Compare cada item da lista com os outros.

No Teste da Paixão você se fez a seguinte pergunta: "O que é mais importante: isso ou aquilo?" Agora, a pergunta é diferente. Trata-se de deixar claro o que você deve fazer primeiro. Então a pergunta é: "O que devo fazer em primeiro lugar: isso ou aquilo?"

Tal como aconteceu no Teste da Paixão, qualquer que seja o item selecionado, continue a seguir a lista, comparando aquele item com todos os demais, até descobrir um outro item que você faria primeiro. Quando este se tornar o número 1, compare-o com o resto da lista.

Por exemplo, se a sua paixão é "Ter um relacionamento profundo, gratificante e respeitoso com meus filhos" e sua lista de ação for:

1. Concentrar-me nos interesses e nas necessidades de meus filhos.
2. Levar toda a família para uma aventura incrível.
3. Criar uma poupança para pagar a faculdade dos filhos.
4. Estar disponível para meus filhos quando eles precisarem de apoio.
5. Reservar algumas horas todas as semanas para estar com meus filhos.

A primeira pergunta será: "O que eu devo fazer primeiro: concentrar-me nos interesses dos meus filhos e em suas necessidades ou levar toda a família para uma incrível aventura?" Talvez você escolha o item número 1.

Agora pergunte-se: "O que devo fazer primeiro: concentrar-me nos interesses de meus filhos ou criar uma poupança para pagar a faculdade de cada um?" Talvez você escolha novamente o item número 1. Depois pergunte-se: "O que devo fazer primeiro: concentrar-me nos interesses dos meus filhos ou estar disponível quando eles precisarem de apoio?" Talvez agora você escolha o item número 4.

Então o item número 4 se torna aquele que você deve comparar com o próximo item da lista. Sua pergunta agora será: "O que devo fazer primeiro: estar disponível para os meus filhos quando eles precisarem de apoio ou passar algumas horas todas as semanas com cada um deles?" Talvez você continue escolhendo o item número 4. (A propósito, não existem respostas certas ou erradas.

As respostas devem ser as que parecem certas para você.) Portanto, "Estar disponível para meus filhos quando eles precisarem de apoio" é o item mais importante dessa lista.

Quando selecionamos o item número 4 nesse exemplo, não precisamos mais compará-lo com o segundo ou o terceiro, assim como no Teste da Paixão.

Para completar o exercício, revise sua lista inteira mais quatro vezes até identificar os cinco passos mais imediatos. Depois, escreva um plano para colocar cada passo em prática.

Sistema de Orientação da Natureza

Ao agir, você direciona sua atenção para a realização de suas paixões. A ação faz com que a atenção esteja sempre ativa. Como isso é muito importante, vamos repetir:

A ação mantém a atenção sempre ativa.

Você já se deu conta de que em quase todos os casos a maneira como um resultado ocorre é diferente do plano de ação criado para chegar até ele?

Se o seu plano de ação fosse criar o resultado, então tudo aconteceria exatamente como você planejou. O plano de ação mantém a sua atenção ativa na realização de sua intenção. O que torna a vida divertida é ver como a realização irá surgir.

Por isso é tão importante ser receptivo. Podemos garantir que as coisas não vão acontecer do modo como você espera, assim como sucedeu na viagem de Janet à Índia. Mas temos uma ótima notícia para você:

A Natureza irá guiar cada um de seus passos se você prestar atenção às mensagens que ela envia.

Acredite ou não, a vida é feita para manter você na estrada cósmica, com alegria e satisfação crescentes. Infelizmente, as pessoas insistem em continuar no caminho que tomaram a princípio, sem prestar atenção às mensagens que os acontecimentos transmitem.

A Natureza nos guia através de nossa experiência interna de contração e expansão. Para ajudá-lo a entender o que estamos falando, pegue um pedaço de papel em branco. No canto superior esquerdo, escreva "Sistema de Orientação da Natureza" e desenhe uma linha vertical (de baixo para cima) no meio do papel. No topo da linha, escreva "Alegria e Satisfação". Na parte de baixo, escreva: "Angústia e Sofrimento". À direita da linha, desenhe uma seta apontando para cima e perto dela escreva "Expansão". À esquerda, desenhe outra seta apontando para baixo e perto dela escreva "Contração".

Você sabe como se sente quando está contraído, não é verdade? Chateado, com raiva, ansioso, tenso, irritadiço, fechado, desligado, infeliz, deprimido. De um modo geral, a contração é algo desagradável.

E sabe como se sente quando está expandido, não? Feliz, animado, pronto para qualquer coisa, aberto, em conexão com o mundo ao redor, amoroso, generoso, gentil, compassivo. Todas aquelas coisas maravilhosas que nos fazem se sentir tão bem.

Agora, na sua folha de papel, faça um círculo verde perto da palavra "Expansão" e um círculo vermelho perto da palavra "Contração". Se não tiver canetas coloridas, desenhe um círculo com raios saindo dele para a palavra "Expansão" e um círculo sombreado para a palavra "Contração".

Quando você se sente expandido, a Natureza está dizendo que está no caminho certo e por isso deve seguir adiante e agir. Quando você se sente contraído, o sistema de orientação cósmico está dizendo: "Vá com calma, seja gentil consigo mesmo, faça uma pausa, olhe de novo e reflita."

Lembra-se do "Intenção – Atenção – Nenhuma tensão"? O que estamos dizendo tem a ver com a ausência de tensão. Quando,

apesar de se sentir contraído, exausto, tenso, pressionado, você continua a fazer o que vinha fazendo, está insistindo com base no que *você* quer e não está prestando atenção à vontade de Deus. É hora de parar e voltar aos trilhos iniciais.

Quantas vezes você já pensou "Bom, preciso fazer isso, é essencial para atingir o meu objetivo" e continuou, apesar da contração? Ou talvez você simplesmente desista dizendo "Nunca vou atingir esse objetivo". Sabe de uma coisa? Se você continuar a fazer tal afirmação, isso vai se tornar verdade na sua vida. Você desligou o sistema de orientação cósmico.

Enquanto continuar a insistir ou a desistir, você continuará descendo a linha do seu papel e vai sentir cada vez mais angústia e sofrimento.

Quando se sentir contraído, pare, faça uma pausa e permaneça receptivo ao que está surgindo em sua vida. Você estará dando a si mesmo a chance de que novas idéias, soluções e oportunidades apareçam.

Já ouvimos várias histórias sobre grandes empresários, inventores, artistas ou músicos que em determinado momento se sentiram presos, paralisados. Ao se depararem com uma dificuldade ou um desafio, resolveram tirar férias do problema. Talvez tenham ido jogar tênis, viajar, dormir ou dar uma caminhada. E então, quando não estavam concentrados na dificuldade, uma lâmpada se acendeu e a solução, ou a inspiração, veio até eles.

Este é o princípio do Nenhuma tensão. Quando a contração atacar, tire uma folga. Não tente enfrentar o desafio nesse momento. Alguma parte da sua mente continuará a lidar com o assunto, mesmo enquanto você não estiver conscientemente pensando nele. Então, quando menos esperar, um pensamento, ou uma idéia, surgirá, dando origem à sensação de expansão mais uma vez. É aquele momento da iluminação, e de repente você se sente animado e cheio de energia. A expansão é a luz verde sinalizando que você deve ir para a frente e agir.

É realmente muito simples. O sistema de orientação cósmica está sempre nos guiando, mas é preciso abrir-se e ser receptivo. Existem somente dois estados: parado e agindo. Quando você se sentir contraído, pare e olhe em volta. Quando se sentir expandido, vá em frente com determinação.

Viajar pela estrada cósmica para cumprir seu destino significa que você confia que o Universo foi criado para que você tenha cada vez mais alegria e satisfação. Significa "renunciar ao cargo de diretor-geral do Universo", como diz Debbie Ford. Significa abandonar a idéia de que você precisa controlar tudo o que acontece no seu mundo.

Debbie Ford

Debbie Ford, autora de vários best-sellers, é uma especialista internacionalmente reconhecida no campo da transformação pessoal e do desenvolvimento do potencial humano.

> "Minha paixão é ensinar as pessoas a amarem a si mesmas completamente. Não apenas amar a parte agradável, gentil e inteligente, mas amar tudo, inclusive a escuridão.
>
> Escrevi meus primeiros livros devido a essa paixão por partilhar com os outros a idéia de que Deus nos criou como

indivíduos incríveis e que todos temos este projeto dentro de nós. Todos nós somos tudo: o bom e o ruim, o claro e o escuro, o doce e o azedo, o medo e a coragem.

Não podemos desejar que as partes ruins desapareçam, mas somos capazes de aprender a integrá-las e amá-las.

Eu tinha certeza da contribuição que meus livros podiam trazer, e não entendia a razão de eles não serem bem-sucedidos, apesar de todos os meus esforços para divulgá-los. De repente me dei conta de que eu tinha erguido barreiras. Estava com muito medo, e no fundo achava que não merecia ter sucesso. Percebi então que não precisava fazer nada. Se me entregasse, Deus ou o meu espírito cuidariam de mim.

Quando já fizemos todo o possível, a solução é entregar-se. Coisas extraordinárias passarão a acontecer. Três dias depois dessa descoberta, fui chamada para o programa de Oprah Winfrey. Apareci lá três vezes, e os três programas foram reprisados. Dentro de alguns meses, os meus livros – minha obra obscura – ficaram famosos.

Nosso instinto natural é fazer as coisas acontecerem e acreditar que podemos guiar tudo, que somos os pilotos. Quando desistimos de pilotar, há um piloto maior que desempenha a tarefa de um jeito bem melhor. Lembre-se de perguntar a si mesmo: 'O que posso fazer hoje para renunciar ao cargo de diretor-geral do Universo e dar permissão àquilo que deveria estar fazendo?'

Eu me apaixonei por uma prece quando estava me recuperando do vício das drogas há 25 anos. Era algo que estava no Grande Livro dos Alcoólicos Anônimos: 'Eu me ofereço a Ti para que Tu realizes coisas através de mim de acordo com a Tua vontade. Liberta-me das amarras de mim mesmo para que eu cumpra melhor a Tua vontade.'

Eu me pus de joelhos todos os dias, durante cinco anos. Em minhas preces eu pedia para ser feita serva do Senhor, para ser libertada daquilo que *eu* achava que deveria estar fazendo e permitir que o Universo me usasse para uma causa maior. Hoje em dia sinto que estou servindo a uma grande causa, e adoro isso.

Meu livro mais recente, *O melhor ano da sua vida pode começar hoje*, é sobre se tornar a pessoa que se deseja ser ao fim de cada ano. Não é necessário realizar um conjunto de objetivos externos. Houve muitos anos em que consegui tudo o que queria em termos materiais, e apesar disso me senti vazia por dentro. O objetivo é encontrar um equilíbrio entre o interior e o exterior. Se ao fim do ano fiz boas escolhas, se me permiti evoluir, se me entreguei mais e amo mais quem sou, nada tem importância. É isso que eu constato ao lecionar, ao treinar as pessoas. Quando você ama sua vida, a mágica acontece.

A pergunta essencial é: 'Quem eu devo ser no mundo interior para criar, sem grande esforço, com facilidade e alegria, as coisas que irão me alimentar no mundo exterior?'

A maioria das pessoas guarda muito ódio e ressentimento em relação a outras pessoas e a elas mesmas. Essa natureza rancorosa de grande parte dos seres humanos é um reflexo do mundo interno, no qual nos martirizamos. O modo como vemos o mundo exterior é sempre um espelho do nosso mundo interior. Se nos desvalorizarmos, se acharmos que não vamos conseguir o que desejamos, estaremos nos martirizando internamente, com conseqüências na vida externa.

Para deixarmos de nos sabotar, devemos começar perdoando a nós mesmos e entendendo que fazemos parte da raça humana, com defeitos e imperfeições, exibindo maus comportamentos e fazendo escolhas que nos prejudicam.

Se você consegue perdoar a si mesmo, se tem o coração aberto e trata com compaixão a criança doce e vulnerável que existe em você, então será capaz de criar momentos mágicos no mundo exterior. Esse mundo irá refletir o amor que sente por si mesmo e você deixará de se sabotar. Você se tratará com carinho, escolherá suas companhias com mais cuidado e assumirá compromissos benéficos quando gostar mais de si mesmo.

Adoro a analogia que nos compara com grandes obras de arte. Um escultor olha para um pedaço de pedra e consegue ver o esplendor que há nela. Como ele sabe o que é a criação, tudo o que precisa fazer é retirar o excesso de pedra para esculpir uma obra-prima.

É só isso que devemos fazer. Não precisamos nos tornar nada, já somos tudo o que queremos ser. Basta retirar o excesso de pedra que está nos distraindo ou nos impedindo de ver o eu essencial. E então recuperamos nosso poder, naturalmente."

Quais foram as lições mais importantes dessa entrevista que fala sobre viver a própria paixão?

1. Todos nós temos um lado obscuro, uma parte da qual sentimos vergonha e da qual temos medo. Não podemos simplesmente desejar que ela desapareça, mas podemos aprender a integrá-la e amá-la.
2. Algumas coisas simplesmente têm de ser e vão acontecer quando for preciso. Nossos esforços só nos levam até certo ponto.
3. Quando já fizemos todo o possível e nos entregamos, coisas extraordinárias acontecem. Quando você desiste de guiar a sua vida, há um piloto maior que fará tudo muito melhor do que você.
4. Quem você é no seu mundo interior determina a facilidade com que você cria no mundo exterior.
5. Assumir o próprio poder é sintonizar-se com o que há de mais essencial em si mesmo e conhecer tanto o seu lado humano quanto o divino.

CAPÍTULO DEZ

Velejando quando o mar está calmo

A tapeçaria da vida está costurada
por um conhecimento unificador que se
manifesta a partir da alegria.

– Bill Levacy

"Passei 25 anos em empresas americanas, os últimos 18 ocupando cargos gerenciais na área de tecnologia de informação. Tive grandes oportunidades, ganhei muito dinheiro e, de um modo geral, me diverti."

É assim que Lynn Carnes descreveu sua vida antes de fazer o Teste da Paixão há cerca de um ano. Ela conta o que aconteceu desde que deixou claro para si mesma quais são suas paixões.

"Em grande parte dos últimos 10 anos, uma voz dentro de mim soava cada vez mais alta: 'Quero sair daqui, quero fazer algo diferente que possa transformar o mundo, quero seguir minhas paixões.'

Mas eu continuava a abafar aquela voz. Troquei de empresa duas vezes, mas a voz continuava a soar cada vez mais alto.

Finalmente resolvi ouvi-la. Descobri que eu não tinha vida própria, estava sempre em uma, duas, três reuniões ao mesmo tempo, mandando e-mails, escrevendo relatórios, tocando projetos, lidando com clientes, e o telefone não parava de tocar. Não estava me divertindo, e, para usar as palavras de Chris e Janet, me sentia terrivelmente contraída.

Então resolvi sair, apoiada por uma boa situação financeira e por um marido maravilhoso que me dava força. Não tinha a menor idéia do que viria em seguida. Só sabia que queria fazer algo transformador no mundo.

O Teste da Paixão me fez descobrir quais eram minhas paixões e comecei a criar um plano para chegar lá. Isso foi só há um ano. Hoje minha vida está profundamente transformada. Fico maravilhada e boquiaberta com a abundância que surgiu em todos os aspectos.

Talvez o mais surpreendente tenha sido que, seis meses depois da minha nova aventura, meu marido me disse o quanto se sentia feliz por me ver mais alegre e menos estressada. Era como se tivesse recuperado a mulher com quem se casara. Eu não tinha a menor idéia do impacto que meu estresse causava nele. Nossa!

Depois, comecei a ouvir de amigos e de parentes que eu parecia estar 10 anos mais jovem e voltara a ser uma pessoa risonha e divertida.

Meu primeiro projeto foi montar uma série de seminários de telemarketing na internet, e fiquei surpresa ao descobrir que estava atraindo algumas das pessoas de maior sucesso do mundo virtual. Logo conheci outras pessoas incríveis que hoje em dia são meus parceiros de negócios e meus amigos. Juntos, lançamos um novo site (www.thepassiontest.com/badboss) que ajuda as pessoas a fazerem a transição que eu levei 10 anos para realizar.

Acordo todos os dias animada. As horas que dedico ao meu negócio são uma fonte de alegria. Meus companheiros de trabalho são uma dádiva. Nós nos concentramos em ajudar o maior número de pessoas possível. Recomendamos o Teste da Paixão para nossos assinantes porque realmente acreditamos nele e sabemos que pode ser uma parte essencial da jornada em direção a uma vida plena.

Eu costumava me sentir muito presa e sufocada em minha vida antiga, embora, de acordo com o padrão geral, tivesse um emprego fantástico e ganhasse muito bem. Agora tenho uma riqueza incomparável – o dom de poder ajudar tantas outras pessoas a alcançarem o que conquistei."

A história de Lynn pode ser a sua história. É só uma questão de "Intenção – Atenção – Nenhuma tensão".

Vamos rever o que já vimos:

- Você deixou claro quais são as suas intenções ao fazer o Teste da Paixão e ao completar seus exercícios na primeira parte do livro.
- Você compreende a Lei da Atração e agora se dedica a achar a bênção contida em cada experiência.
- Você aprendeu o papel da contração e da expansão em sua vida. Sabe como usar esses sinais do Sistema de Orientação da Natureza para seguir em frente com facilidade e conforto.
- Você sabe que agir é crucial para viajar na estrada cósmica que leva à vida que você escolheu.
- Você se dá conta de que não é o diretor-geral do Universo. O seu papel é estar aberto e receptivo a novas possibilidades e abandonar os seus conceitos de como as coisas devem funcionar.

Agindo a partir do estado de Nenhuma tensão

A ação é crucial. Permanecer receptivo é essencial. Mas será que há algo que você possa fazer para aumentar a probabilidade de sua ação levá-lo ao sucesso?

O segredo mais profundo da vida é dado em um dos antigos textos dos Vedas da Índia: "Estabelecido na inteireza, no estado de calma e de paz interior, passe à ação."

Esse é o verdadeiro significado do terceiro passo na fórmula que demos para criar tudo o que você escolher na sua vida: Intenção – Atenção – Nenhuma tensão. Agir a partir do estado de Nenhuma tensão é a chave para uma ação que leva a resultados poderosos. Nenhuma tensão é o estado interior de inteireza, de serenidade. Quando a mente está calma, a inspiração vem naturalmente.

Pense um pouco a respeito disso. Quando você está contraído, sua mente não fica agitada? Seus pensamentos voam.

Esse é um dos motivos pelos quais, quando se sentir contraído, o melhor a fazer é deixar de lutar. Quando se sentir insatisfeito e agitado, é sinal de que deve parar um pouco, descansar, relaxar, abandonar as preocupações. Lembra-se do diagrama do Sistema de Orientação da Natureza? A contração é a luz vermelha que diz "pare". Faça isso.

Ter uma vida inteiramente consciente significa perceber quando você se expandiu e quando se contraiu, e então agir de acordo.

O princípio de Nenhuma tensão é como um arqueiro que deseja atingir o alvo. Quando a flecha está no arco, ele primeiro a puxa para trás, na direção oposta ao alvo.

Não é interessante que você primeiro deva puxar para trás, para longe do alvo, até que a flecha em repouso esteja num estado de potencial pleno para seguir adiante? Para criar uma ação de sucesso, você primeiro deve retroceder, criar um estado de alerta sereno e de calma interior. Assim a sua ação produzirá frutos.

E como você faz isso? Tendo uma boa noite de sono, meditando, rezando – tudo isso contribui para criar um estado de calma interior. É por isso que a meditação duas vezes ao dia e a prece diária devem fazer parte da sua rotina. Depois de algum tempo, esse estado de calma interior se torna um hábito.

Aprender a agir a partir de um estado de calma interior é a chave para tudo de que falamos até agora. Mas será que há mais alguma coisa capaz de aumentar a probabilidade de sucesso dos seus atos?

Verificando o relatório de tráfego da estrada cósmica

Quando terminamos a primeira edição de *O Teste da Paixão*, Janet deu uma cópia do livro para Bob Cranson, o homem que lhe ensinou a meditar, há mais de 35 anos.

– Janet, é um livro maravilhoso – disse Bob. – Mas você deixou de fora uma coisa importante.

– O quê? – ela perguntou.

– Uma pessoa pode ter absoluta clareza quanto a suas paixões, pode fazer as coisas certas e mesmo assim às vezes tudo parecer dar errado. Elas batem sempre de encontro à parede. Você não acha que deveria dizer aos seus leitores como evitar essa decepção?

Tudo bem. Não íamos falar sobre isso. Afinal, já falamos sobre muita coisa neste livro e talvez seja demais para ser absorvido. Mas existe um campo de conhecimento chamado "Jyotish" que pode ajudar você a evitar muita dor de cabeça e decepção. A astrologia Jyotish é um segredo que poucos no Ocidente conhecem, mas que é capaz de fazer uma grande diferença no quanto você vai desfrutar o caminho que leva até seu destino.

Então falaremos desse segredo e cabe a você decidir seu valor. Afinal, quando se trata de viver as próprias paixões, usamos todas as ferramentas que podem ser úteis.

Primeiro, Janet irá falar de sua experiência sobre o poder do Jyotish e o efeito que ele teve em um momento muito importante de sua vida.

"Quando Chris e eu éramos casados, costumávamos ter uma sessão com um especialista em Jyotish que fazia uma previsão anual para ver quais eram as tendências para nós.

Sempre nos ensinaram que o Jyotish serve para 'evitar o perigo antes que ele ocorra'. Quando as tendências futuras, os desafios e oportunidades são conhecidos, você pode ajustar suas ações de maneira adequada para chegar aos melhores resultados.

Quando Chris terminou sua sessão com o especialista em Jyotish e seu tradutor, ainda restavam 10 minutos. Pedi para usar esse tempo fazendo minhas perguntas. Ele concordou. Perguntei sobre minha mãe.

Depois de alguns cálculos, o especialista virou-se para mim e disse, com voz sombria:

– Você deve ir ver a sua mãe imediatamente. Não é possível dizer se ela vai morrer, mas você precisa vê-la. – Senti um calafrio. Minha mãe estava hospitalizada, e não havia como ele saber disso.

E acrescentou:

– Quando for encontrá-la, leve presentes e flores e fale sobre as qualidades que ela tem que você adora. Confesse todas as coisas pelas quais você deseja perdão e faça as pazes.

Minha mãe tinha sido minha melhor amiga até meus 7 anos de idade, mas então se tornou alcoólatra e meu mundo mudou completamente. Meus pais se separaram e ela acabou em clínicas para dependentes químicos ou morando em hotéis baratos. Nos últimos seis anos, finalmente, havia parado de beber e se tornado adventista do sétimo dia. Eu me sentia muito mal com a raiva que havia demonstrado e com a forma como a tratara em seus momentos mais difíceis.

Três dias depois, Chris e eu fomos para Los Angeles levando presentes para minha mãe. Ela estava sentada na cama e nos recebeu com um largo sorriso. Fiquei feliz por ela parecer tão bem, mas muito perturbada por ter dado crédito às previsões do Jyotish. Era óbvio, só de olhar as faces coradas da minha mãe, que ele estava redondamente enganado.

Dei os presentes e decidi aproveitar ao máximo aquele momento, qualquer que fosse o futuro. Então passei horas falando todas as coisas que nunca dissera.

Nós duas choramos, e eu acrescentei:

– Mãe, é por causa do amor que recebi de você na infância que amo tanto as pessoas que me cercam. Eu nunca me esqueci do seu amor. Ele foi o maior presente que me deu. Você me ensinou o verdadeiro significado do amor.

Com os olhos cheios de lágrimas, minha mãe exclamou:

– Você sempre foi o meu anjinho!

Ficamos as duas abraçadas deixando a dor ir embora.

Depois daqueles dias tão emocionantes com minha mãe, Chris e eu voltamos para Iowa. Dois dias depois, ela telefonou.

– Adivinha só! – disse, toda feliz. – Os médicos me deram alta e já posso ir para casa.

Embora feliz com a notícia, fiquei furiosa com o Jyotish por ter feito uma previsão errada que nos custara muito dinheiro. Mandei por fax uma nota revoltadíssima para o especialista, protestando contra sua previsão.

A curta resposta me deixou ainda mais furiosa: 'É sempre bom visitar a mãe.'

Alguns dias depois, minha irmã me ligou.

– Janet, venha logo. Mamãe está morrendo.

Minha mãe tivera uma recaída inesperada e muito grave.

Fui pelo caminho rezando para que ela ainda estivesse viva. Queria muito passar os últimos momentos ao seu lado.

Na recepção do hospital, quando pedi para visitar Dena Miller, a enfermeira me respondeu apenas:

– Desculpe, senhora. Dena Miller morreu esta manhã.

Quando viu o impacto que suas palavras haviam causado, levou-me até uma salinha onde pude ficar sozinha.

Comecei a chorar, soluçando, mas de repente meu estado de espírito mudou. Tive uma sensação fortíssima de que algo havia chegado ao fim. Senti uma ligação muito forte com minha mãe, e tudo o que eu consegui experimentar foi amor e alegria. Quando comecei a sorrir, achei estranho ser invadida por ondas de felicidade num momento daqueles. Por mais que eu tentasse retomar a dor, o sorriso permanecia em meu rosto e a sensação de felicidade continuava intensa.

Finalmente, ao perceber que não tinha o menor controle sobre o que sentia, entreguei-me àquela incrível sensação. Saí do hospital pensando: 'Mamãe está ao meu lado, e muito feliz!' Queria muito compartilhar com minha irmã a certeza de que nossa mãe estava feliz *de verdade* depois de passar uma vida de muita luta e sofrimento.

Senti uma presença comigo, no carro.

'Você está completa. Você fez as pazes com ela', dizia a voz dentro de mim. 'Você está completa. Você consertou tudo. Você fez o que o Jyotish lhe disse para fazer. Você se reconciliou com sua mãe e agora as duas estão em paz.'

Essa experiência mudou profundamente a minha vida. Ensinou-me a agir no momento certo, comprovando o valor do Jyotish. Não significa que a astrologia Jyotish seja sempre totalmente perfeita, mas é uma ferramenta poderosa para ajudar a criar a vida que escolhemos."

Partilhamos essa história com você para dar uma idéia dos resultados fantásticos que são possíveis quando sabemos as tendências do futuro. É claro que não devemos basear nossa vida nas previsões do Jyotish ou nas astrológicas. Mesmo assim, elas são uma ajuda valiosa na hora de tomar decisões. Você pode aumentar a possibilidade de sucesso ao ficar alerta para a hora certa de agir.

Pense da seguinte maneira: se você embarcar na estrada cósmica com um novo projeto e entrar na estrada quando o tráfego estiver pesado, vai levar muito tempo para chegar ao seu destino. Mas, se planejar a viagem para um momento em que a estrada esteja vazia, chegará muito mais depressa.

Todos nós verificamos o trânsito antes de começar uma viagem. E ouvimos a previsão do tempo antes de pegar a estrada. Embora a meteorologia nem sempre acerte, é extremamente útil saber o momento em que as condições são mais favoráveis para empreender qualquer atividade importante na vida.

Para os céticos, eis uma oportunidade de praticar o hábito de ficar receptivo. Quem sabe? Vocês podem acabar se surpreendendo, pois com esse conhecimento serão capazes de ajustar o momento de se lançar a novos projetos ou saber a melhor hora para começar uma nova empreitada, aumentando assim as chances de sucesso.

Para eventos significativos na sua vida, como casar-se, mudar de casa, assinar um contrato ou dar início a um novo negócio, começar numa data e numa hora favoráveis pode fazer toda a diferença entre uma experiência fácil e sem problemas e outra cheia de desafios e percalços. É disso que queremos falar quando recomendamos "velejar quando o mar estiver calmo".

Quando se mantém receptivo, você pode descobrir que inúmeras possibilidades interessantes surgem na sua vida. Insistimos para que fique sempre receptivo ao que aparece. Você irá perceber que, embora no começo se sinta um pouco desconfortável ao ficar aberto a novas experiências, também poderá se divertir muito quando finalmente se habituar a fazê-lo.

É fundamental escolher o momento certo de agir, e muitas pessoas o fizeram, mesmo sem o Jyotish. Richard Paul Evans escreveu para suas duas filhas um livro que acabou se tornando campeão de vendas. Sua história foi de grande inspiração para nós e achamos que também será para você. Ao ler o depoimento, perceba que, vivendo exatamente de acordo com suas paixões, você dificilmente fracassará.

Richard Paul Evans

Quando Richard Paul Evans escreveu *A caixa de Natal*, seu livro campeão de vendas, não tinha intenção de se tornar um autor conhecido internacionalmente. Ele era executivo da área de publicidade e, sobretudo, marido e pai.

Sua discreta história de amor paternal e do verdadeiro significado do Natal ficou famosa quando seu livro, publicado por conta própria, tornou-se o mais vendido no país.

Vamos ao depoimento:

> "Quando escrevi *A caixa de Natal*, estava imerso em um amor muito intenso por minhas filhas, e esse sentimento era algo novo para mim. Eu relutara em ter filhos e, quando tomei essa decisão, não sabia o quanto ela afetaria minha vida. A experiência me abriu tantas portas e causou tantas transformações que, ao escrever o livro, minha intenção era resgatar essa experiência. Quis partilhar com as pessoas a alegria que surge de criar os filhos e cuidar deles.
>
> No começo, pensei em fazer só duas cópias do livro, uma para cada filha. Mas, ao terminar, estava tão emocionado que resolvi dar a parentes e amigos como presente de Natal.
>
> Comecei a receber telefonemas quase todos os dias de pessoas que queriam comprar mais livros. Seis semanas depois, uma livraria local procurou-me querendo encomendar

mais cópias. Disse-lhes que o livro não tinha sido publicado por nenhuma editora.

Aquele foi meu livro de maior sucesso. Ele ganhou vida própria. Era especial. Hoje me dou conta do quanto foi bom ter publicado o livro por conta própria. Se ele tivesse saído por uma grande editora, seria apenas mais um livro entre tantos. *A caixa de Natal* foi publicado e distribuído inicialmente com enorme paixão. Eu me dediquei muito a ele, acreditando no bem que poderia fazer às pessoas. Decidi então divulgá-lo.

Comecei o que chamei de 'marketing de guerrilha'. Ia até pequenas cidades e falava pelo rádio. Descobri as palavras que poderiam tocar as pessoas e fazê-las interessar-se pela mensagem do livro. Sabia que cada leitor seria um multiplicador. A essa altura, eu tinha um editor e um distribuidor entusiasmados com o sucesso de vendas que minhas entrevistas pelo rádio causavam.

Minhas primeiras entrevistas promovendo *A caixa de Natal* não foram muito boas. Percebi que não conseguia despertar interesse nos ouvintes. Então resolvi me empenhar para criar um discurso mais motivador e logo descobri o resultado: mais da metade das pessoas que me ouviam compravam o livro. Eu colocava na minha fala toda a paixão com que o escrevera, e era isso que contagiava as pessoas.

Em uma grande feira de livros, onde estavam famosos autores sentados atrás de uma grande mesa autografando suas obras, fiquei observando a cena e me percebendo que eu era um total desconhecido.

De repente, algo me veio à cabeça. Ao ver um lugar vago na mesa, pensei: 'O que me impede de ir até lá e me sentar com os autores?' Num primeiro momento minha timidez me fez recuar e comecei a ir embora.

Mas algo me fez parar. 'Você se importa pouco ou muito com seu livro?', disse uma voz na minha cabeça. Foi uma daquelas intuições fortes, um momento de verdade. E eu disse para mim mesmo: 'Eu me importo muito.'

Respirei fundo e fui sentar-me entre dois autores famosos. Estava morrendo de medo. E aí aconteceu o pior: uma das organizadoras me viu e foi até onde eu estava. Disfarcei meu pânico, olhei para ela e disse:

– Desculpe o atraso.

A mulher ficou aturdida. Encarou-me por um instante, piscou e perguntou:

– O senhor aceita um copo d'água?

– Sim, obrigado – respondi.

Fiquei lá sentado ao lado de autores famosos, assinando meus livros e entregando-os a inúmeras pessoas. No ano seguinte voltei como o autor principal da feira. Os leitores faziam fila para me ver.

A organizadora do ano anterior veio falar comigo:

– Parabéns pela sua coragem e persistência. Pensei em tirá-lo da mesa, mas vi em você tanta força de vontade que achei que não seria justo expulsar uma pessoa que está correndo atrás do seu sonho, por mais louco que seja.

Em vez de me expulsar, ela me trouxe água, e seu gesto foi uma bênção para nós dois.

Aquele foi um dos momentos decisivos para testar minha paixão. Quando as pessoas dizem 'Você tem muita sorte', penso que não se trata de sorte. Eu estava determinado a lutar pelo meu livro. Estava disposto a enfrentar situações desconfortáveis, a arriscar tudo. O fracasso não era uma opção.

Quando você tem uma paixão assim, o destino favorece os mais ousados. De repente, as coisas começam a acontecer. Você luta e enfrenta dificuldades, mas acaba vencendo.

Mesmo que vocês não se lembrem de mais nada do que acabei de dizer, lembrem-se disto: uma pessoa não consegue o que quer *apesar* dos obstáculos e dos desafios, e sim exatamente *por causa* dos obstáculos e dos desafios.

O medo é o oposto da fé. Ele pode nos ajudar a perceber a realidade tal como é – o que é bom –, mas, quando estamos prontos para mudar, o medo já não é um bom conselheiro e devemos deixá-lo de lado. É hora de pensar: 'Vou superar isso. Eu acredito que posso.'"

Quais foram as lições mais importantes desse depoimento que estimula a viver a própria paixão?

1. O apoio inesperado começa a surgir quando você vive tão intensamente de acordo com o que é seu destino que as portas se abrem de maneira totalmente inesperada.
2. Quando você se sente apaixonado por algo, talvez não consiga realizá-lo da melhor maneira logo no começo. Mas, se for em frente, com a prática vai melhorar cada vez mais.
3. A paixão é contagiosa. Quando as pessoas ouvem alguém apaixonado por algo, elas querem fazer parte dessa paixão.
4. Sempre que estiver seguindo suas paixões, você será testado. As dificuldades surgem para testar o quanto você se importa com alguma coisa.
5. Quando tem paixão por algo, você se sente disposto a lutar por ela, a se colocar em situações desconfortáveis, a arriscar tudo.
6. Não chegamos ao sucesso apesar dos obstáculos e desafios; chegamos ao sucesso exatamente por causa deles.
7. O sucesso resulta de cometer erros e aprender com eles.
8. O medo é o oposto da fé. Não é possível ter medo e fé ao mesmo tempo. Quando você se sente pronto para mudar, abandona o medo.
9. Quando você tem paixão por algo, o fracasso não é uma opção.
10. Quando sentir que há um destino para você, esse sentimento vai ser capaz de levá-lo aonde quiser.

CAPÍTULO ONZE

Dicas de trânsito para a estrada cósmica

> A chave de toda vida é o valor.
> Valor não é o que se obtém,
> é o que se dá.
>
> – Jay Abraham

Nós dissemos neste livro que "aquilo que você ama e a vontade de Deus para você são a mesma coisa". Alguns podem pensar: "Então o amor de um alcoólatra pelo álcool, o amor de um drogado pelas drogas ou de um libertino por sexo é a vontade de Deus para essas pessoas?"

Embora se possa dizer que um alcoólatra "ama" o álcool, o significado desse "amor" é completamente diferente. Quando falamos das coisas que você ama – suas paixões –, estamos nos referindo àquilo que mais lhe importa na vida.

Janet sabe disso por experiência própria:

"Como já contei, na minha infância eu e minha mãe éramos inseparáveis, e eu adorava fazer as coisas em sua companhia. Foi a época mais feliz da minha vida.

Quando eu tinha 7 anos, tudo mudou. Minha mãe começou a trabalhar como cabeleireira e passou a chegar em casa bêbada. Ela e meu pai tinham discussões horríveis que partiam meu coração.

A voz bela e doce que costumava cantar para mim à noite silenciara. A preciosa época em que eu ficava ao lado de minha mãe fazia parte do passado. Em seu lugar havia uma mulher bêbada e infeliz que sequer conseguia trocar de roupa sozinha e ir para a cama.

Depois de semanas e meses pedindo, implorando e exigindo que ela parasse de beber, meu pai finalmente pegou minha irmã, meu irmão e eu, colocou-nos no carro e foi embora. Minha mãe correu atrás do carrro, pedindo mais uma chance. Nem consigo descrever a dor que senti.

À medida que os anos passavam, minha mãe mergulhava mais fundo naquele inferno. Eu a procurava em hotéis baratos e imundos e a encontrava semiconsciente, embriagada. Só quando se tornou adventista do sétimo dia ela parou de beber e passou a ter uma vida calma e modesta.

Hoje, quando olho para trás, vejo que o alcoolismo da minha mãe era uma tentativa de diminuir a dor causada por sua autodesvalorização. O pai abusara dela na infância e a seqüestrara ao abandonar minha avó. Minha mãe tinha um medo enorme de ser abandonada, porque não se achava digna de ser amada. Beber era sua tentativa desesperada de eliminar a dor."

O alcoólatra, o viciado em drogas e o libertino têm um desejo ardente que não pode ser chamado de amor. Desejam ardentemente aquilo que acreditam que irá fazê-los se sentir melhor. (É o que queremos dizer com "falsas crenças".) Desejo ardente e paixão são duas coisas bem diferentes.

O desejo ardente surge e é impulsionado pela enorme necessidade de preencher algum vazio ou diminuir a intensidade da dor. A mãe de Janet se sentia inadequada, sem valor algum. Então tentava impedir esses sentimentos extremamente dolorosos, bebendo.

Esses sentimentos de dor são o Sistema de Orientação da Natureza tentando nos dizer para mudarmos, para cuidarmos de nós mesmos, para nos acolhermos com carinho. Quando ignoramos o sinal, e em vez disso procuramos afogar a dor com álcool, drogas, sexo, comida ou qualquer outra coisa, descemos cada vez mais o caminho que vai em direção à aflição e ao sofrimento.

As paixões, por outro lado, são os amores mais significativos da sua vida. Elas surgem bem do fundo do coração e exercem uma atração irresistível para que você percorra a trajetória do seu destino. Elas ligam você à parte mais profunda da sua própria natureza. Quando vive de acordo com suas paixões, você se sente expandido, receptivo, aberto. A paixão nos faz percorrer o caminho que leva a uma alegria e contentamento cada vez maiores.

Por isso o Sistema de Orientação da Natureza é tão importante. A busca pelo desejo ardente pode levar a uma felicidade temporária que rapidamente se torna uma terrível contração. Se ignorar a contração, se tentar afogar a dor causada por ela, você acabará chegando rapidamente à sua própria destruição.

A decisão de entrar em um programa de desintoxicação, de fazer terapia ou alguma outra atividade capaz de transformar o próprio comportamento de modo positivo traz uma onda de esperança, uma expansão. É o sinal para seguir adiante, para agir.

Quando você identifica com clareza as suas cinco principais paixões e compreende a natureza da expansão e da contração, a busca por seu destino ou seu propósito na vida fica realmente fácil. Você só precisa lembrar do seguinte:

Todas as vezes que você precisar tomar uma decisão, escolha a favor das suas paixões.

Ou seja, pergunte a si mesmo: "Será que essa decisão fará com que eu viva mais de acordo com as minhas paixões ou irá me afastar delas?" E deixe-se guiar por esse critério. Se a decisão impedi-lo de viver suas paixões, aprenda a dizer com suavidade e firmeza: "Eu agradeço, mas não quero."

Quando tomar a decisão, fique atento ao sistema de orientação cósmico. Se perceber que está contraído, faça uma pausa. Respire, relaxe, reflita. Quando se sentir expandido, vá em frente, aja e desfrute da satisfação que alcançará.

Existem pessoas no mundo que tiveram muito sucesso ao percorrer a estrada cósmica. Elas chegaram a um nível de realização que levou outras a segui-las como modelos.

Pujya Swamiji Chidanand Saraswatii é uma dessas pessoas. Ele é adorado por milhões em toda a Índia. Você descobrirá em suas palavras algumas verdades universais que se aplicam a todos nós, qualquer que seja a religião ou o direcionamento espiritual:

> "Não existe uma varinha mágica que possamos agitar para criar uma vida perfeita para nós mesmos. A vida em si é mágica. Dedique-se a viver aquilo que você quer que o futuro manifeste. Se deseja receber amor, é muito simples: dê amor. Se deseja ter amigos, torne-se um bom amigo. Se quer ter uma ligação com Deus, busque-o. Ele está à nossa espera.
>
> É preciso tomar consciência do seguinte: Eu faço parte da criação de Deus. Assim como Ele é perfeito, eu também sou. Assim como Ele é divino, eu também sou. Aquilo que Ele deseja irá acontecer da maneira certa.
>
> Deus é perfeito. Você é perfeito. É claro que todos somos diferentes. Todos temos nossos pontos fortes e nossas fraquezas, mas cada um de nós é perfeito à sua maneira. Cada um tem seu próprio papel a desempenhar na Terra.
>
> Servir a humanidade é a maior e mais verdadeira alegria do mundo. Constatei isso não apenas na minha vida, mas na de milhares de pessoas.

Quando alguém nos dá algo, ficamos momentaneamente felizes. Mas, quando damos alguma coisa a alguém, ficamos eternamente felizes. O motivo é simples: isso faz parte do plano divino. Fomos colocados na Terra para servir."

Ajudar os outros é ajudar a si mesmo

É um paradoxo fascinante: para ter tudo o que queremos, devemos ajudar os outros a terem tudo o que querem. Pessoas iluminadas, como Pujya Swamiji, interpretam esse princípio em termos espirituais, mas você não precisa ser espiritualizado para descobrir o quanto ele é verdadeiro.

O mesmo se aplica aos negócios. O sucesso do seu negócio se baseia no valor que você oferece aos seus clientes. Oferecer valor é, por definição, ajudar os outros a ter aquilo que eles valorizam.

Nosso amigo e colega Jay Abraham não é uma pessoa muito espiritualizada. Mesmo assim, ele seguiu esse princípio durante toda a sua carreira. Como resultado, gerou milhões de dólares e chegou a um nível de sucesso e reconhecimento que a maioria das pessoas considera invejável.

A seguir, Jay fala sobre suas paixões e sobre a importância de ajudar os outros para ajudar a si mesmo.

Jay Abraham

Jay Abraham trabalhou com mais de 10 mil empresas de pequeno e médio portes, fazendo com que elas ganhassem bilhões de dólares. Não é surpreendente que a revista *Forbes* o tenha listado como um dos cinco maiores consultores executivos do mundo, afirmando que a especialidade de Jay é "transformar profissionais corporativos com desempenho abaixo da média em gênios de marketing e vendas". Na internet, quase 2 mil websites citam seu sucesso.

Ele é o autor de *Getting Everything You Can Out of All You've Got* (Conseguindo tudo o que é possível com o que você já tem).

Veja o que Jay tem a dizer sobre suas próprias paixões e sobre o que é necessário para criar a vida que você escolheu:

> "Para aqueles que ainda não alcançaram suas metas, independentemente da idade, uma das realidades mais maravilhosas da vida é que os objetivos materiais, quando e se você alcançá-los, não irão, por si sós, transformar a sua vida.
>
> Sem dúvida é bom ter segurança econômica para possuir os bens que desejamos, mas, quando conseguimos todas as coisas que queremos, percebemos que a vida é muito mais do que dinheiro e status.
>
> Fiz e tive muitas coisas, vivi várias experiências. Mas, à medida que fui ficando mais velho, que minha saúde declinou e que vi pessoas queridas morrerem, resolvi priorizar o que é mais importante.
>
> Hoje em dia uma das minhas principais paixões é ter uma vida equilibrada. Eu era viciado em trabalho, me ocupava 18 horas por dia, sete dias por semana, e fazia reuniões às duas da manhã. Mas agora, se minha mulher me chama para almoçar, tento parar tudo e ficar com ela – porque considero isso mais importante. Eu quero equilíbrio – econômico, intelectual, espiritual, físico, sexual.
>
> Por mais paradoxal que pareça, sentir-se apaixonado é talvez a coisa mais egoísta que se pode fazer, porque você acaba ganhando imensamente com isso.
>
> Sentir-se apaixonado por algo traz grandes benefícios positivos, e ignorar suas paixões custa caro. Nos aspectos positivos, dediquei-me com paixão a investir no crescimento e na realização do potencial das pessoas. Ter fé apaixonadamente num cliente ou num negócio trouxe contribuições significativas para a comunidade e o mercado, gerando lucros de bilhões e bilhões de dólares. Acreditei neles com paixão, e conseqüentemente eles acabaram acreditando mais em si mesmos.

A paixão precisa ser algo equilibrado e universal em nossas vidas. É uma verdadeira pena e desperdício não sentir paixão pelo que se faz, pelas pessoas que serão beneficiadas, pelo resultado da sua ação. Estou convencido: é preciso sentir paixão por tudo.

Não deixe de fazer o Teste da Paixão. Hoje mesmo comece a observar com interesse e atenção as pessoas com quem você interage, como se as estivesse descobrindo pela primeira vez. Sua esposa, seu marido, seu parceiro ou parceira, seus filhos, seus parentes, mesmo aqueles de quem se sente distante. Comece a ver o que há de excelente nessas pessoas.

Tente achar nelas algo realmente interessante, impressionante, fantástico, maravilhoso, digno de nota, e faça isso todos os dias. Pense na maior qualidade dessas pessoas, seja a ética no trabalho, a disciplina, a alegria de viver, a generosidade, e assim por diante.

Observar, apreciar, compreender e respeitar de várias maneiras as outras pessoas é sua missão. Talvez você não concorde 100% com elas, mas, se passar a apreciá-las e a respeitá-las tal como são, você as ajudará a crescer no que elas têm de melhor, e crescerá junto com elas.

A chave de toda vida é o valor. E valor não é o que você ganha, é o que você dá. É descobrir o que é importante para as outras pessoas, não só para você. Sabem qual a melhor maneira de ter um relacionamento maravilhoso com minha mulher e minhas filhas? É tendo uma atitude permanente de abertura, interesse e curiosidade. Descobrir o que importa para elas, do que elas gostam, o que as deixa felizes, o que as deixa animadas, o que traz felicidade às suas vidas, colocar-me disponível para ajudá-las – em vez de rotulá-las e tentar impor meus padrões de comportamento. Faça o mesmo com qualquer pessoa com quem você convive. É extremamente gratificante e enriquecedor ajudar os outros a crescer.

Você descobrirá que, para ter sucesso, é preciso querer que outras pessoas tenham sucesso. Para ser amado, você primeiro tem que amar. Para ser interessante, você precisa estar interessado.

A maior razão que impede as pessoas de chegar ao enriquecimento emocional ou financeiro é estar concentradas nelas mesmas. Quando tornamos melhor a vida de todos, nossa vida automaticamente se abre e se expande de uma forma incrível.

Apaixone-se pelos outros, pelo que pode fazer por eles, e você encontrará o significado de sua vida."

Quais foram as lições mais importantes dessa entrevista que fala sobre viver a própria paixão?

1. As metas materiais não são capazes de transformar sua vida.
2. A falta de paixão tem um preço muito alto.
3. Descubra uma qualidade especial nas pessoas com quem você convive para apreciá-las e compreendê-las.
4. A chave de toda vida é o valor. Valor não é o que você recebe, é o que você dá. É descobrir o que é mais importante para os outros, não só para você.
5. O meio mais rápido para conseguir tudo o que você quer e muito mais é concentrar-se nas necessidades e desejos dos outros e ajudar a realizá-los.
6. Para ter sucesso, você primeiro deve querer ajudar os outros a ter sucesso. Para ser amado, você primeiro deve amar. Para ser interessante, você primeiro deve estar interessado.
7. A pergunta certa não é "Será que sou digno do meu objetivo?", e sim "Será que esse objetivo é digno de mim?".
8. O principal motivo que impede as pessoas de chegar ao enriquecimento financeiro e emocional é a concentração em si mesmas. Quando tornamos a vida dos outros melhor, nossa vida automaticamente se abre.

CAPÍTULO DOZE

Limites de velocidade na estrada cósmica

A confiança é uma grande maneira de motivar – de libertar o talento, a energia, a paixão –, de libertar as suas próprias energia e paixão ao ganhar a confiança de outras pessoas e ao confiar nelas.

– STEPHEN M. R. COVEY

Stephen M. R. Covey, filho de Stephen R. Covey, ajudou a transformar a Covey Leadership Center na maior consultoria de sua área e orquestrou a fusão multimilionária da empresa com a Franklin Quest. Queremos mostrar a você nossa entrevista com Stephen, na qual ele fala sobre seu último livro, *O poder da confiança.*

Mas antes vamos conversar um pouco.

A velocidade com que você viaja pela estrada da vida é determinada por suas crenças e seus conceitos.

O tempo que você leva para realizar seus sonhos está diretamente relacionado às suas crenças. Houve uma época em que Donald

Trump quase foi à falência, e, mesmo assim, voltou a ser bilionário. Como isso é possível?

Se você conseguir ganhar um milhão de dólares no próximo ano, vai se considerar uma pessoa de sucesso? O que acha que Donald Trump pensaria se *só* conseguisse um milhão de dólares no próximo ano? Ele se sentiria um fracassado, não? A diferença entre você e Donald Trump são as crenças que ambos têm.

Nós já dissemos que só há três coisas (que na verdade são uma só) que podem impedir você de viver de forma apaixonada:

- Falsas idéias.
- Falsos conceitos.
- Falsas crenças.

Quais são as crenças que você tem a respeito da sua capacidade de viver as próprias paixões? Veja algumas que nos contaram:

- Não posso viver minhas paixões porque preciso sustentar minha família.
- Não posso ganhar dinheiro com as coisas pelas quais sou apaixonado.
- Não tenho capacidade para alcançar sucesso de verdade.
- Sou velho demais. É tarde para mim.
- Sou jovem demais. Não tenho experiência suficiente.
- Sou ____________ demais. (Preencha a lacuna você mesmo: fraco, medroso, alto, baixo, gordo, magro...)
- Não sei o suficiente.
- Não sou suficientemente audacioso.
- Não sou suficientemente ____________. (Preencha a lacuna você mesmo.)

Não importa quem você seja, não importa a sua situação, não importam as dificuldades que enfrenta – achar que essas coisas o impedem de viver suas paixões é apenas uma idéia falsa, um conceito falso, uma crença falsa. São pensamentos falsos. Não condizem com a realidade.

Quando se sentir realmente apaixonado por alguma coisa, terá a capacidade de criá-la em sua vida.

Pense um pouco nisso. Por mais que sua crença o limite, existem pessoas que chegaram ao sucesso fazendo o que outros julgavam impossível.

Você tem mais poder do que imagina. Como dissemos na primeira parte do livro, você criou sua vida e, se não gosta dela, pode modificá-la. Lembra-se do mantra?

Primeiro eu crio a minha vida em minha mente, e só depois a crio no mundo.

Se acreditar que não consegue, você não vai conseguir. Se acreditar que não é possível, não vai ser mesmo. Se acreditar que é difícil demais, vai ser de fato difícil demais para você.

Então será que o contrário também é verdadeiro – que, se acreditar que consegue, você conseguirá? Sim, mas não é tão simples, porque nossas crenças estão entranhadas em nós. Você pode dizer "eu consigo" e, mesmo assim, lá no fundo, não acreditar que consegue. É por isso que não basta afirmar seu desejo para produzir os resultados que você quer.

Já falamos sobre o poder das perguntas? Quando você faz uma pergunta à sua mente, ela busca uma resposta. Se você não está acreditando que é capaz de viver suas paixões, pergunte a si mesmo: "O que me prova que eu posso realmente viver minhas paixões?"

Continue buscando a prova até sentir lá no fundo: "Claro que eu posso. Olhe quantas pessoas aparentemente menos capazes do que eu conseguiram!" Essa é a sua primeira e mais importante tarefa para viver suas paixões – acreditar que consegue.

Esse é um dos motivos pelos quais fazemos a Série das Paixões na *Healthy Wealthy nWise*. Listamos uma série de pessoas famosas e bem-sucedidas que tiveram uma origem extremamente humilde, que pareciam incapazes, que enfrentaram dificuldades que fariam qualquer pessoa desistir.

Viajando à velocidade do pensamento

Em 1999 uma amiga convenceu Janet a ir a um seminário que nos deu a mais poderosa ferramenta que conhecemos para mudar as falsas crenças.

> "Eu não sabia o que esperar, mas como minha amiga Radhika disse que seria maravilhoso, eu fui. Uma mulher bonita de cabelos grisalhos nos falou:
>
> 'Meu nome é Byron Katie e passei 10 anos em depressão profunda. Mal saía do quarto e pesava mais de 90 quilos. Às vezes passava duas semanas sem conseguir escovar os dentes ou tomar banho. Ficava deitada, odiando a mim mesma, numa desesperança absoluta, e alimentando pensamentos suicidas.
>
> A situação chegou a um ponto que me obrigou a ser internada num centro de reabilitação para mulheres com distúrbios alimentares. Era o único lugar que meu plano de saúde cobria. As outras mulheres tinham tanto medo de mim que fui colocada no sótão, longe delas. Eu me sentia tão inútil que não me achava digna de dormir numa cama. Por isso eu dormia no chão.
>
> Então, certa manhã, cerca de uma semana depois, fui acordada por uma barata que subiu no meu pé. Por incrível que pareça, toda a minha raiva, todos os pensamentos que me perturbavam haviam desaparecido, e fui invadida por uma alegria indescritível. Ainda hoje me sinto assim.

Foi como uma iluminação. Naquele momento, eu me dei conta de que, quando acreditava nos meus pensamentos, eu sofria, mas deixava de sofrer quando não acreditava neles. Isso é válido para todo ser humano. A liberdade é algo muito simples. Descobri que somos capazes de optar pelo sofrimento. Encontrei dentro de mim uma alegria que nunca mais desapareceu. Essa alegria existe em todas as pessoas, o tempo todo.'

Byron Katie fez uma pausa e continuou:

'Não sofremos por causa do que acontece. Sofremos por causa dos nossos pensamentos a respeito do que acontece. A realidade não é boa nem ruim. São os nossos pensamentos que a tornam boa ou ruim. Quando questiona seus pensamentos estressantes, você percebe que eles não têm base na realidade. E finalmente percebe que tudo fora de você é um reflexo do seu próprio pensamento. É você quem narra a história, é você quem a projeta, e o mundo é a imagem projetada dos seus pensamentos.

Desde o começo dos tempos as pessoas tentam mudar o mundo para serem felizes. Isso jamais funcionou, porque esta é a maneira errada de abordar o problema. O que quero ensinar às pessoas é a maneira de mudar o projetor – a mente – em vez do projetado. É como quando há uma poeira na lente do projetor. Achamos que há uma falha na tela e tentamos consertá-la. Mas é inútil tentar mudar as imagens projetadas. Quando nos damos conta de que há uma poeira na lente, podemos limpá-la. Aí termina o sofrimento e começa a alegria.'

Depois da palestra, Radhika me convidou para almoçar com Katie e algumas das pessoas que estavam com ela. Cheguei um pouco atrasada e o único lugar disponível era bem ao lado de Katie.

Depois que fomos apresentadas, ela virou-se para mim, com um sorriso radiante, e perguntou:

– Olá, meu anjo. O que você faz?

Respondi que era responsável pelo marketing de uma grande empresa. Fiquei surpresa quando Katie fez a pergunta seguinte:

– E você é boa no que faz?

Sem hesitar por um segundo, respondi:

– Sou a melhor! – Afinal, eu fora avaliada como a melhor executiva da empresa por cinco anos consecutivos, e estávamos tendo um desempenho excepcional.

O próximo comentário de Katie foi ainda mais surpreendente:

– Quero que você trabalhe para mim, fazendo o marketing. Pode morar lá em casa, em Manhattan Beach. Você aceita?

Estava tão atraída por aquela pessoa que parte de mim quis aceitar imediatamente. Mas eu pensei nas minhas coisas, nos meus três labradores, nos meus dois gatos e na dificuldade de fazer uma mudança tão radical.

Voltei para casa pensando obsessivamente naquela mulher fantástica. Finalmente, liguei para Chris, contei-lhe a história e pedi que ele fosse comigo visitar Katie, pois não conseguia decidir sozinha. Depois de insistir bastante, Chris finalmente concordou. Passamos um fim de semana mágico com Katie em Washington e em Boston, onde assistimos com o maior entusiasmo e admiração às suas palestras, constatando o bem que elas faziam.

Muito emocionados, acompanhamos Katie até a casa onde ela estava hospedada e conversamos sobre a oferta de trabalho que me fizera. Chris ficou tão empolgado e comovido com o trabalho de Katie que nós dois acabamos nos juntando a ela. Embora eu de fato tenha ajudado Katie com o marketing, nunca me mudei para a Califórnia. Mas, alguns meses depois, Chris foi para lá e passou quase um ano morando e trabalhando na casa de Katie, em Manhattan Beach."

A obra de Byron Katie é uma das ferramentas mais poderosas que descobrimos para acabar com as crenças que nos limitam. Katie a disponibiliza sem nada cobrar. Você pode acessar seu website, ler uma explicação completa sobre a obra e ouvir gravações de Katie guiando as pessoas.

À medida que você investiga os pensamentos que lhe dão medo, que o fazem sentir-se indigno e incapaz de ser amado, você descobre que algo novo cresce dentro de você: confiança.

A sua velocidade na estrada cósmica está diretamente relacionada à sua capacidade de confiar na benevolência do Universo. E o que isso significa?

A vida existe para a sua alegria. Ela é feita para permitir que se tenha uma satisfação cada vez maior. Talvez você esteja pensando agora: "Bom, eu não vejo assim..." No entanto foi isso que todos os santos que Janet entrevistou em sua viagem pela Índia e Nepal afirmaram. Essa é a experiência concreta que eles têm da vida.

Então o que é preciso para que isso também se torne uma experiência concreta para você?

Mude seu pensamento a respeito de tudo o que você vive. É uma escolha consciente que você pode fazer.

O que parece melhor: acreditar que você vive em um mundo hostil e que precisa lutar com dificuldade para seguir em frente, ou acreditar que você está cercado por um Universo benevolente que lhe dá bênçãos constantes? O que parece melhor: acreditar que a vida é problemática e cheia de decepções ou acreditar que ela é uma aventura, uma oportunidade para aprender e crescer?

Você cria aquilo em que acredita. Sabemos que não é fácil livrar-se das velhas crenças. É por isso que partilhamos a obra de Katie Byron com nossos leitores.

Quando você começa a buscar as provas de que a vida, no fim das contas, é boa, você acha essas provas. Quando começa a buscar motivos para acreditar que cada experiência é uma bênção, você encontra esses motivos.

Quando você começa a aceitar a idéia de que a vida existe para a sua alegria e que cada momento é uma bênção, você verá a mágica acontecendo na sua vida. Foi o que aconteceu com Julia Ghavami:

"Em outubro de 2006 eu assisti a uma palestra em que Janet Attwood nos guiou pelo Teste da Paixão. Na época, eu estava mal porque meu casamento parecia prestes a acabar. Ao mesmo tempo, buscava um modo de ter alguma renda para sustentar a mim e aos meus filhos. Minha saúde andava mal havia vários anos, dificultando o meu dia-a-dia. Eu não sabia direito o que queria e me sentia totalmente perdida.

Depois de ouvir Janet falar em uma palestra sobre o Teste da Paixão, escrevi o que eu realmente desejava realizar na vida e percebi que não estava vivendo as minhas paixões:

1. Desfrutar de um excelente relacionamento com meu marido.
2. Educar muito bem os meus filhos.
3. Ter bastante saúde.
4. Ter várias fontes de renda.
5. Falar ao público e motivar os outros.

Ao ver a lista, uma amiga perguntou por que eu não fazia palestras. Respondi que, como eu não escrevera um livro, ninguém iria querer me ouvir. Quando no final da palestra Janet disse que poderíamos nos tornar representantes do Teste da Paixão, minha amiga disse:

– Aí está a sua chance.

Saí de lá totalmente concentrada naquilo que eu adorava e soube pela primeira vez na vida que minhas paixões poderiam se concretizar. Nos planos físico, mental, espiritual e emocional, tudo estava se encaixando. Uma transformação fantástica começou a acontecer em mim. Eu me dei conta de que não estava tendo a vida que queria porque a minha atenção estava concentrada nas dificuldades do cotidiano. As exigências sobre os meus ombros eram pesadas, em muitas áreas. Algumas coisas estavam de acordo com as minhas paixões, outras não. Eu precisava fazer escolhas em nome das minhas paixões, convicta de que Deus faria com que tudo se realizasse.

Hoje sou representante do Teste da Paixão, e com minhas palestras ganhei mais de 50 mil dólares nos últimos quatro meses. Minha saúde melhorou de forma espantosa, e meus filhos estão recebendo uma excelente instrução.

Meus meninos também fizeram o Teste da Paixão. Eu os ajudo a se concentrar naquilo que querem em suas vidas e a sonhar com novas possibilidades para o futuro e para seu cotidiano. Eles se sentem motivados porque têm um objetivo, ainda que possa mudar todos os dias.

Finalmente, eu não tinha a menor idéia de como poderia salvar meu casamento. Não foi uma tarefa fácil, mas persisti na luta. Antes de melhorar, piorou muito. E então, um dia, meu marido me procurou com palavras acalentadoras e um coração transformado e isso mudou totalmente o relacionamento. Nosso casamento agora é incrivelmente cheio de afeto e mais sólido do que antes. Quero passar o resto dos meus dias com ele.

Vi minha vida mudar diante dos meus olhos. O Teste da Paixão me deu as ferramentas para me concentrar naquilo que eu realmente desejo e também para ficar receptiva às coisas que Deus traz."

Repetimos: você vive num universo feito para lhe dar a maior alegria e satisfação possíveis – quando você se mantém aberto para receber.

Não é possível saber como as bênçãos irão surgir em nossas vidas. Algumas das nossas provações mais significativas podem acabar se transformando nas maiores bênçãos. Mas uma coisa é certa:

Quando a sua confiança de que as coisas irão se sair bem cresce, a velocidade com que seus sonhos se concretizam aumenta radicalmente.

A confiança é fundamental. Ela é a chave para o sucesso nos negócios, nos relacionamentos e na vida. Na entrevista seguinte, Stephen M. R. Covey dá dicas bastante práticas para você aumentar a sua confiança na vida.

STEPHEN M. R. COVEY

Stephen M. R. Covey foi responsável pela estratégia que ajudou a promover o livro de seu pai, *Os 7 hábitos das pessoas altamente eficazes*, uma das obras que mais influenciaram o mundo dos negócios no século XX, de acordo com a revista *CEO*. Como diretor executivo da Covey Leadership Center, ele fez com que a companhia crescesse e se transformasse na maior empresa de desenvolvimento de liderança do mundo.

> "Quando eu estava pensando em tomar um novo rumo na vida, meu pai me disse algo que me fez refletir: 'Stephen, se você quiser voltar para o ramo de imóveis, ótimo. É uma área excitante, divertida, e você é bom nela. Mas o que você realmente deseja? Passar o resto da vida construindo prédios ou construindo almas?'
>
> Eu então pensei: construir prédios é um trabalho excitante, mas a chance de causar um impacto nas pessoas, de realmente ajudá-las a criar e desenvolver seu próprio potencial para manifestá-lo em suas vidas é muito tentadora. Fiz uma escolha: 'Quer saber? Quero me concentrar em desenvolver almas, pessoas e as organizações onde elas se encontram.'
>
> Tomei essa decisão e a segui durante muito tempo, ajudando a transformar a Covey Leadership Center na maior

empresa de desenvolvimento de liderança do mundo. Depois de muitos anos, resolvi fazer outras coisas, porque senti que algo estava faltando.

Descobri que eu queria que meu trabalho fizesse alguma diferença no mundo e na vida das pessoas, que tivesse uma dimensão espiritual. Foi então que passei a compreender, seguir e viver aquilo que eu considero as minhas paixões.

Nos últimos 17 anos, dediquei-me à tarefa de soltar as amarras do potencial humano, do talento das pessoas. E tornou-se muito claro para mim que a confiança é a forma mais elevada e especial de motivação do ser humano. Lembrei-me das primeiras dificuldades que tivemos com nossa empresa. Nosso problema não era lançar uma boa idéia no mercado. Nós lançamos. Também exercíamos grande atração sobre os clientes em relação ao que fazíamos, mas perdíamos muito do nosso valor por não montar uma organização em que havia confiança em todos os relacionamentos.

Deparei-me com uma grande frase de Francis Fukuyama, e ela teve um impacto profundo sobre mim: 'A desconfiança generalizada numa sociedade (...) impõe um tipo de imposto em todas as formas de atividade econômica, um imposto que as sociedades em que existe um alto nível de confiança não precisam pagar.'

Comecei a pensar: 'Bom, a desconfiança generalizada cobra imposto sobre tudo.' A desconfiança generalizada, tanto em uma organização quanto em um relacionamento, cobra uma taxa que as organizações e os relacionamentos onde há um alto nível de confiança não precisam pagar. Embora o nível de confiança em nossa empresa não fosse absurdamente baixo, porque tínhamos ótimas pessoas conosco e estávamos fazendo coisas boas, sentimos que havia uma lacuna nesse sentido. E que estávamos pagando caro demais por isso.

Então comecei a me concentrar em eliminar esse imposto cobrado pela baixa confiança. E os resultados foram imediatos, tanto nas organizações quanto nos relacionamentos. À medida que fui investindo cada vez mais, percebi que a questão da confiança era bastante incompreendida no mundo dos negócios e na vida e que poderia ter um impacto profundo.

A confiança sempre afeta a velocidade e o custo de qualquer atividade. Quando a confiança cai, as coisas demoram mais a ser resolvidas e a um custo maior.

É uma vantagem imensa poder agir com velocidade. Nos relacionamentos em que a confiança é baixa, a quantidade de tempo e energia que se perde é imensa. No caso da alta confiança, acontece o contrário. As coisas são transparentes, as cartas estão na mesa, não há objetivos ocultos. Isso permite uma ação muito mais rápida, com um ganho muito maior.

A confiança tem um impacto profundo sobre nossas missões e nossos destinos porque hoje vivemos num mundo interdependente e interconectado. É uma economia global, e as mudanças que acontecem na Índia afetam o que acontece nos Estados Unidos e no mundo todo. Nesse mundo interdependente há uma recompensa imensa em se trabalhar com pessoas confiáveis, unidas pelos mesmos objetivos, comungando dos mesmos valores.

O mesmo acontece com os relacionamentos. A confiança é de fato a chave, a cola que faz os relacionamentos funcionarem.

O processo de alimentar a confiança é interessante, mas ele começa com nós mesmos, com aquilo que eu chamo de autoconfiança, com nossa própria credibilidade, nossa própria lealdade. Se pensarmos a respeito, é difícil estabelecer uma relação de confiança com outras pessoas se não é possível confiar em nós mesmos. A lealdade é a base sobre a qual os relacionamentos ou a confiança são construídos.

Chamo de autoconfiança o ato de construir a credibilidade individual. Basicamente existem duas dimensões em que a confiança opera. Em primeiro lugar há o caráter; em segundo, a competência. Ambos são vitais para desenvolver a confiança entre as pessoas. Ambos são vitais para a autoconfiança.

O caráter é o conceito que melhor compreendemos. Ele inclui a integridade indispensável para que os outros confiem em nós, para que confiemos em nós mesmos.

Também é preciso ter competência. Não é possível confiar em uma pessoa que não tem competência para realizar certa tarefa e alcançar um determinado resultado. Podemos confiar em suas intenções, em seu caráter, mas não confiamos na capacidade da pessoa para exercer determinada função.

Tanto o caráter quanto a competência são vitais, mas isso depende do que você precisa realizar, do que precisa fazer. O caráter é uma constante, enquanto que a competência é relacionada a uma determinada tarefa a ser cumprida. Mas, em qualquer situação, caráter e competência específica são indispensáveis.

É no lar e na família que a maioria das pessoas aprende primeiro a respeito da confiança. Tive muita sorte de crescer numa casa em que tanto meu pai quanto minha mãe foram ótimos modelos de lealdade e de integridade. Além disso, eles nos transmitiram a idéia da importância de se dar uma contribuição para o mundo. Fizeram isso com palavras, mas sobretudo com o exemplo de vida e com a maneira como interagiam conosco, o que serviu muito para aumentar a confiança.

Uma história que consta do livro *Os 7 hábitos das pessoas altamente eficazes* é a do meu pai me treinando (eu tinha uns 7 anos de idade) para cuidar do jardim e sempre deixá-lo limpo e verde.

Essa era a minha tarefa. Eu podia fazer do jeito que quisesse. Meu pai recomendava que o ideal seria ligar os irrigadores, mas também dizia: 'Se você quiser usar baldes para jogar água na grama, também pode. O importante é ver o resultado.'

O resultado desejado era um jardim limpo e verde. Cabia a mim decidir como chegar a ele, mas meu pai me deu algumas boas idéias. Ele conta essa história para mostrar como ensinava a delegar tarefas, dando liberdade para que eu escolhesse a melhor maneira de executá-las, desde que alcançasse o resultado pretendido.

Meu pai também dizia que se tratava de um acordo em que ambos saem vencendo. O resultado seria a minha vitória, e ele sairia ganhando por ter tido razão ao confiar na competência do filho.

O que ficou marcado fortemente em minha lembrança foi a confiança que meu pai depositava em mim. Minha principal motivação vinha do fato de não querer decepcioná-lo. Queria mostrar que era responsável e capaz de fazer o que ele achava que eu podia fazer. A confiança dele me inspirava e fez surgir em mim um senso de responsabilidade, liderança e integridade que permaneceu durante toda a minha vida. E agora eu tento passar isso para os meus filhos.

Sem dúvida nós aprendemos em casa a ser um bom modelo de confiança. O exemplo vem em primeiro lugar, porque é visto e sentido. As pessoas só costumam ouvir depois de verem e sentirem, e foi o que aconteceu comigo.

Confiar nas pessoas é algo que traz à tona o que elas têm de melhor. É uma forma fantástica de motivá-las. Quando as pessoas sentem que os outros não confiam nelas, sentem-se desmotivadas e desencorajadas. Isso não as ajuda a encontrar sua paixão, seus talentos, sua criatividade.

Isso não significa que devemos dar às pessoas uma confiança além de sua competência ou caráter. É preciso confiar com sabedoria, compreendendo o caráter e a competência.

É preciso combinar os dois. Qual a competência necessária para fazer a tarefa que você tem em mãos?

É preciso começar com nós mesmos, sermos pessoas confiáveis, concentrar-nos em nosso caráter, em nossa competência. Aprender como interagir da maneira capaz de criar confiança nos nossos relacionamentos e aprender a evitar aquilo que destrói a confiança.

Vou dar dois exemplos simples que todos podemos aplicar. Eis duas maneiras capazes de aumentar a confiança num relacionamento. A primeira é criar mais transparência. Significa dizer a verdade de uma maneira que a outra pessoa possa comprovar.

O oposto da transparência é ter motivos ocultos, porque não nos abrimos. Quando estamos escondendo alguma coisa, na maioria dos casos as pessoas com quem convivemos conseguem sentir. Elas não sabem ao certo do que se trata, mas não confiam no que você faz porque questionam seus verdadeiros motivos.

Seja transparente. Seja aberto: 'O que eu quero fazer é o seguinte. E vou explicar por quê.' As empresas que agem assim, os líderes que agem dessa forma, os parceiros que fazem isso acabam tendo resultados bem melhores. É excelente para o convívio ter tudo às claras, sem meandros ou subterfúgios. Viver a verdade.

Se você está tentando aumentar a confiança num determinado relacionamento, faça-se a seguinte pergunta: 'Como posso ser mais aberto, mais transparente para que o outro veja o que eu estou de fato tentando fazer – minhas intenções e meus motivos?' Se você não estiver sendo transparente, se seus motivos forem escusos, estará sabotando a confiança e conspirando para destruir o relacionamento e a sua própria auto-estima.

Vou dar mais um exemplo. É preciso atacar os problemas de frente, em vez de contorná-los e negá-los. Se as pessoas com quem você convive não conseguem lhe dizer o que estão pensando e preferem falar pelas costas, isso pode significar duas coisas: ou que você não é aberto e honesto com os outros – não é transparente –, ou que não entende do assunto. Nada disso é bom.

Então, qual é a opção? Em vez de ignorar as dificuldades e sair pela tangente, ataque-as de frente. Diga: 'Vejo que temos tal problema. Vamos discutir o assunto.' Mesmo porque ele já está sendo discutido, com ou sem a sua presença. Não é melhor que você participe?

Já vivi situações em que isso aconteceu, e não estou dizendo que sou um ótimo modelo. Tive também dificuldades, mas aprendi que criar transparência e encarar a realidade são duas maneiras rápidas e fáceis de aumentar a confiança no relacionamento com nossas equipes, organizações e famílias.

Fico muito animado por trabalhar com a idéia da confiança, e estou criando aquilo que chamo de 'prática da confiança'. Trata-se de ajudar indivíduos e organizações a criar confiança, a aumentar a confiança e a existir mais confiança entre todos com quem interagem, para que os resultados, tanto os da empresa quanto os pessoais, passem a ser cada vez melhores.

Há muitos mitos sobre a confiança. Alguém esta semana me perguntou: 'É possível ensinar confiança?' E eu posso responder, enfaticamente: 'Sem dúvida!' É possível ensinar confiança, é possível aprendê-la, é possível implementá-la, fazêla crescer, medi-la e aplicá-la em uma organização. Ela pode e deve ser o objetivo explícito de todo relacionamento, de toda organização.

Ela existe, quer tenhamos consciência dela ou não. Ou temos confiança ou não temos. Se tivermos confiança, alcançaremos resultados altamente positivos em matéria de velocidade e custo. Se a confiança for baixa, também pagaremos um preço que se manifestará na velocidade e no custo. Não tem jeito!

A idéia final que eu gostaria de deixar com seus leitores é apenas esta: prevejo que a capacidade de criar, aumentar, expandir e restaurar a confiança entre todas as pessoas envolvidas no negócio irá se tornar a qualidade de liderança mais importante do século XXI. E estou falando sério – é algo mais importante do que estratégias, visão, todas essas coisas.

Sei que parece bastante ousado afirmar que a confiança vai ser a qualidade de liderança mais importante, mas digo isso porque vivemos em uma conjuntura na qual os relacionamentos são cruciais e a confiança é pouca. Essa pouca confiança cobra um custo extraordinário que afeta tudo o que fazemos. Afeta nossa estratégia, nossa execução, nossa inovação, nossa comunicação. Toda a dimensão de uma empresa, e de um relacionamento, é afetada pela confiança – pela presença ou ausência dela.

Portanto, à medida que aumentamos a confiança em nossas organizações e em nossos relacionamentos, passamos a experimentar um efeito multiplicador que reforça o que estamos fazendo, aumenta a comunicação, bem como a capacidade de executar tarefas, e afeta todas as dimensões e aspectos dessa área.

Comece a criar relacionamentos mais confiáveis a partir de agora. Escolha uma ou duas pessoas e procure ser mais transparente. Escolha ser aberto numa situação em que talvez você não tenha sido no passado. Faça isso com alguém com quem você já tem um relacionamento mais próximo, para que seja mais fácil. Escolha uma situação em que você deseje criar mais transparência.

Depois, escolha um assunto que você normalmente não discutiria com ninguém. Talvez seja um assunto delicado. Escolha falar sobre ele e veja quais são os resultados.

Essas são duas coisas que você pode fazer em qualquer relacionamento, usando o seu bom senso para melhor decidir como aplicá-las. Uma terceira dica: comprometa-se com algo e cumpra. Não deixe de cumprir. Você irá aumentar a confiança em si mesmo e também a confiança que os outros têm em você. Assumir e manter compromissos é outra maneira imediata de começar a aumentar a confiança num relacionamento."

Quais foram as lições mais importantes dessa entrevista que fala sobre viver a própria paixão?

1. A confiança é a forma mais alta de motivação do ser humano.
2. A falta de confiança cobra uma taxa. Relacionamentos e organizações em que há grande confiança sempre saem ganhando.
3. A confiança afeta duas medidas: a velocidade e o custo. Quando a confiança está em baixa, as coisas levam mais tempo e custam mais. Quando está em alta, as coisas acontecem mais rápido, com um custo menor.
4. Os relacionamentos são a chave para a nossa capacidade de realizar nosso destino pessoal. E a confiança é algo fundamental em qualquer relacionamento.
5. O processo de aumentar a confiança começa com você mesmo, com sua própria credibilidade, sua própria capacidade de inspirar confiança nos outros. É difícil ser confiável para os outros se você não confia em si mesmo.
6. Existem duas dimensões para criar a confiança: o caráter e a competência. Ambos são vitais para inspirar confiança.
7. Quando confiamos nos outros, trazemos à tona o que eles têm de melhor.
8. Confiança se aprende sobretudo através do exemplo.
9. Criar confiança em alguém é algo que acontece com o tempo, sendo que em cada estágio de um relacionamento há um nível maior de confiança.

10. É importante tentar estabelecer uma relação de confiança com os outros. Mas seja prudente e avalie em quem pode confiar.
11. Criar mais transparência e enfrentar os problemas são duas maneiras de se aumentar a confiança num relacionamento.
12. A confiança deve ser um objetivo explícito em qualquer relacionamento e em qualquer organização.

Dever de casa:

- Escolha uma pessoa do seu convívio e seja mais transparente com ela.
- Selecione um assunto que você normalmente não discutiria diretamente e comece a falar sobre ele com alguém próximo a você.
- Assuma um compromisso com outra pessoa e mantenha sua palavra; depois continue assumindo compromissos e cumprindo.

CAPÍTULO TREZE

A felicidade está sempre presente

> Quando as pessoas são profundamente felizes
> elas levam para onde vão um senso de propósito
> que independe das circunstâncias.
> Então, mesmo se estão trocando o óleo do carro,
> elas conseguem dar a essa atividade um propósito alegre.
>
> – Marci Shimoff

Marci Shimoff já apareceu como número 1 na lista dos mais vendidos do *New York Times* inúmeras vezes. Seu último livro, *Happy for No Reason* (Feliz sem motivo), tem vários pensamentos interessantes sobre a mais desejada e fugaz das experiências: a felicidade. Perguntamos a Marci o que é preciso para ser feliz, e falaremos disso em breve, mas primeiro vamos contar a experiência de felicidade dela.

O que cria a verdadeira felicidade? Quando você foi feliz na sua vida? Muitas pessoas associam a felicidade a alguma realização pessoal. "Serei feliz quando for promovido, quando ganhar mais, quando encontrar a minha alma gêmea."

Você já conheceu alguém que, apesar de ter conseguido muitas coisas na vida, não parece feliz? Infelizmente, isso é bastante comum.

Pense no maior objetivo que você já alcançou. Quanto tempo passou tentando atingi-lo? Por quanto tempo você celebrou a conquista? Assim que atingiu seu objetivo, você se sentiu feliz?

A chave para a felicidade é descobri-la em todos os momentos, e não esperar que ela chegue com a realização de alguma meta. Viver de forma apaixonada nos faz usufruir cada momento, cada pequeno detalhe. A felicidade que advém de atingir um objetivo é, na melhor das hipóteses, efêmera.

A felicidade é, na maioria das vezes, volúvel. Ela tem a tendência de ir e vir, assim como sentimos que nos expandimos e nos contraímos. De acordo com Marci, "sentir-se feliz sem ter motivo" significa experimentar um estado de realização interior profunda que é resultado de uma conexão intensa com nossa própria natureza.

Em um dos antigos textos dos Vedas da Índia há a seguinte máxima: "Você só tem controle sobre a ação, nunca sobre seus frutos." É impossível ter certeza de que você vai atingir qualquer objetivo em sua vida (os frutos de sua ação). A única coisa que podemos determinar é o que fazemos, a ação que tomamos para criar a vida que escolhemos.

Por isso é tão importante amar o que você faz. Grande parte de nossas vidas se passa no processo de criação, e não com o resultado desse processo. Assim que realiza um sonho ou um objetivo, você o celebra, fica feliz com ele, e logo retoma o processo para criar o próximo sonho.

A felicidade surge espontaneamente quando você ama o processo. Lembra-se quando falamos sobre a diferença entre paixões e objetivos? As paixões têm a ver com *o modo* como vivemos a nossa vida. Os objetivos se relacionam com *o que* escolhemos criar em nossas vidas.

É por isso que, quando lhe dissemos para fazer a lista do que você mais ama, pedimos para completar a seguinte frase: "Quando minha vida for ideal, eu estarei/serei _______________."

Completar essa frase ajuda você a definir seu processo. Ajuda a definir os elementos de que precisa para viver com propósito e paixão. Ajuda a definir do que necessita para ser feliz no processo.

Se você escrever "morando numa casa bonita, de frente para o mar", sua paixão está no "morar". Morar é o processo. Seu objetivo pode ser adquirir uma linda casa voltada para o mar, mas, se comprá-la, e por alguma razão não for morar nela, ainda assim poderá estar vivendo sua paixão.

Por isso, insistimos: sempre que você se deparar com uma escolha, uma decisão ou uma oportunidade, pergunte-se: "Isso vai me deixar cada vez mais próximo do meu sonho ou me afastar?" Se for deixar mais próximo, mergulhe de cabeça. Caso contrário, desista.

Quando você escolhe tomar qualquer decisão, percebe que está sendo movido pelo combustível do processo fantástico que é o desenrolar do seu destino. Sem dúvida, escolhas são sempre desafios, e dentro desses desafios estão os maiores tesouros.

Uma estrada em terreno seguro

Por baixo de várias camadas de crenças, conceitos e idéias que levaram à sua atual situação de vida existe um mundo maravilhoso. É um mundo de alegria, felicidade, realização. Assim como o sol, que sempre existe, mesmo por trás das nuvens, a experiência desse mundo fantástico jamais deixa de existir – simplesmente muitas vezes não está visível.

Janet descobriu esse mundo há vários anos. Foi preciso ter algumas experiências surpreendentes para perceber como afastar as nuvens.

"Muitos anos antes de Chris e eu nos casarmos, eu fiz um curso sobre respiração profunda na Suécia. A instrutora explicou que essa respiração pode às vezes ser muito dolorosa.

E nos aconselhou: 'Quando isso acontecer, mergulhe totalmente na dor, porque você vai acabar transendendo-a.'

Nunca me esqueci dessas palavras.

'Mergulhe totalmente na dor, porque você vai acabar transcendendo-a.'

Em várias ocasiões no nosso casamento houve situações bastante dolorosas para um de nós. A reação inicial de Chris naqueles dias era fechar-se completamente e querer fugir (você já passou por essa situação?). Quando isso acontecia, eu explicava o que havia aprendido sobre 'mergulhar na dor'.

'A separação é algo doloroso', eu dizia. 'Quando você se fecha, está enterrando a dor, mas ela inevitavelmente vai surgir de novo. Em vez disso, mergulhe na dor. Do outro lado dela existe paz e alegria.'

No começo ele resistia completamente.

Então, certo dia, Chris chegou do trabalho completamente traumatizado. Estava fazendo o possível para salvar sua empresa, mas, apesar de todos os esforços, seu sócio, fundador da empresa, continuava a tomar decisões erradas. Ele não ouvia os conselhos de Chris, e a empresa estava prestes a falir.

No dia em que Chris descobriu que não havia dinheiro para pagar os funcionários, ficou arrasado. Ao chegar em casa, eu me dei conta de que a pressão que o esmagava estava acabando com ele.

Às três da manhã, Chris me acordou. Tremia, sem conseguir se controlar.

'Mergulhe na dor, Chris', eu disse. 'Deite-se, respire e expire profundamente, e entregue-se completamente à dor', implorei.

Sem saber mais o que fazer, Chris deitou-se e seguiu meu conselho.

'Chris, entregue-se totalmente à dor', eu repetia. 'Não resista.'

Depois de uma hora respirando continuamente e entregando-se totalmente à dor, Chris olhou para mim com um sorriso tranqüilo.

Naquele momento, tal como eu, ele entendeu que do outro lado da dor física, mental ou emocional existe paz, silêncio e conforto.

Vários anos depois, esse episódio me veio à lembrança por um motivo totalmente diferente.

Eu estava segurando uma grande panela com água fervente quando de repente perdi o equilíbrio e a água caiu toda na frente do meu corpo, começando pelo pescoço.

Ainda consigo me lembrar da dor que senti. Foi uma das experiências físicas mais dolorosas que já vivi.

Dentro de poucos segundos, eu estava com várias queimaduras graves no corpo. Depois que elas foram tratadas, a única maneira de encontrar algum conforto era ficar deitada de costas na cama, totalmente imóvel. Qualquer movimento me fazia gritar de dor. O mínimo atrito de um lençol era insuportavelmente doloroso.

Lembro que ficava deitada por horas a fio, totalmente consumida pelo sofrimento, pensando: 'Será que esse pesadelo nunca vai acabar?'

Então, algo fantástico aconteceu. Incapaz de suportar mais a dor, lembrei-me das palavras da minha instrutora na Suécia: 'Mergulhe na dor.'

Deitada na cama, concentrei-me 100% naquela dor terrível, tal como aconselhara a Chris muitos anos antes.

No começo foi uma agonia horrível, mas depois, como num passe de mágica, minha consciência conseguiu atravessar a muralha de dor e chegar a um estado sem dor. Ao me entregar totalmente à dor, senti uma paz total. Uma paz 100% livre da dor.

'Mergulhe totalmente na dor e você vai acabar transcendendo-a', dissera minha instrutora.

Ao fazer isso, descobri mais uma vez que a felicidade está sempre presente."

Essa paz e bem-aventurança é o mesmo estado que Marci descreve como "ficar feliz sem motivo". Ela está sempre disponível. Mas, quando ficamos presos às crenças, conceitos e idéias que entram em conflito com a realidade, elas nos mantêm distantes da paz e da felicidade.

A dor mental ou emocional resulta de estarmos presos a falsos conceitos. Enquanto se prender a eles, considerando-os verdadeiros, você sentirá dor. Quando foge da dor ou tenta enfraquecê-la com álcool, comida, drogas, televisão ou qualquer outra válvula de escape, você só a enterra. É garantido que ela irá surgir de novo.

Mas, quando se permite sentir a dor, por mais desconfortável que seja no começo, você começa o processo de cura.

Marci Shimoff escreveu um livro dedicado a esse tema. Vejamos o que ela tem a dizer sobre felicidade, paixão e o senso de propósito na vida.

MARCI SHIMOFF

Marci Shimoff É uma das mulheres por trás do maior fenômeno de livros de auto-ajuda da história, a série *Histórias para aquecer o coração.* Ela foi co-autora de seis livros da série, sucesso absoluto com mais de 13 milhões de exemplares vendidos em todo o mundo.

Seu último livro chama-se, adequadamente, *Happy for No Reason* (Feliz sem motivo).

"Todos nós viemos da mesma fonte, e essa fonte é pura alegria, puro amor, pura felicidade. É nossa natureza essencial. Para experimentar a verdadeira felicidade basta sentir essa conexão com a nossa fonte. Quando as pessoas vivem de acordo com suas paixões, estão de acordo com sua alma e com o destino de sua alma – e é isso o que nos dá felicidade.

Passei muitos anos seguindo grandes líderes, mestres e pessoas sábias que emanam um estado de felicidade que parece profundamente enraizado e que elas levam para onde vão. Mesmo em uma situação adversa, elas se sentem felizes.

Então pensei: 'É esse o tipo de felicidade que eu quero.' As pessoas se empenham em obter coisas para se sentirem felizes, mas isso parece não funcionar. Assim que atingem um objetivo, há outro mais à frente, e assim por diante – é sempre uma alegria temporária.

Sei que existe um estado que é descrito como 'ficar feliz sem motivo'. É um estado neurofisiológico de paz e bem-estar. Um estado que não depende das circunstâncias.

Há um velho ditado que diz que o sucesso deixa pistas, e que se estudarmos o comportamento das pessoas de sucesso e o seguirmos também teremos sucesso. O mesmo vale para a felicidade. A felicidade deixa pistas. Tudo o que precisamos fazer é olhar para um grupo de pessoas realmente felizes para descobrir suas características-chave em comum.

Talvez a primeira e mais importante dessas características seja uma sensação geral de confiança no Universo. Einstein certa vez disse que a pergunta mais importante a ser feita é: 'O Universo é amigável?'

Em outras palavras, será que existe benevolência no Universo, e será que ele nos dá apoio? O que descobri observando as pessoas realmente felizes é que todas confiam que o Universo e a vida se manifestam exatamente como devem. Embora as circunstâncias externas nem sempre pareçam como elas desejam – porque não podemos controlar o mundo ao nosso redor –, ainda assim elas se sentem felizes.

Além disso, as pessoas realmente felizes procuram a dádiva – uma bênção – em qualquer coisa que aconteça, mesmo as que não estejam de acordo com o que querem. Elas conseguem esperar pelo que virá. Em vez de concentrar toda sua atenção e energia naquilo que as fazem se sentir mal, elas voltam continuamente a atenção para as coisas que as fazem se sentir bem.

As pessoas que conseguem atingir um estado de profunda felicidade o levam para todas as atividades que realizam, independentemente das circunstâncias externas. Até a troca de óleo do carro é feita com um propósito alegre.

Gosto de contar essa história: a pessoa mais feliz que conheci foi meu pai. Ele adorava o que fazia. Meu pai era dentista, e adorava ser dentista. Aposentou-se aos 72 anos de idade, ainda relutante, pois sabia do risco que correm os aposentados.

Então ele pensou: 'Bom, preciso achar alguma coisa para fazer de que eu goste.' Analisou o que mais gostava na odontologia e percebeu que o que lhe dava mais prazer era trabalhar com as mãos em algum tipo de criação artística.

Então, aos 72 anos, ele passou a bordar, e se tornou um mestre nisso. Ele adorava bordar! Aos 85 anos, começou a fazer o maior e mais intricado bordado que eu jamais vira, como se tivesse todo o tempo do mundo. Perguntei quanto tempo ele iria levar para terminá-lo, e ele respondeu: 'Querida, acho que no ritmo em que vou, uns quatro anos.' Um homem de 85 anos de idade começando um projeto de quatro anos! E vocês acham que ele completou o projeto? Podem apostar que sim!

Ele completou, e eu acho que o que permitiu isso foi a sensação de viver plenamente o momento presente, de poder levar seu amor, seu senso de propósito e sua paixão àquilo que fazia.

Ter um objetivo em tudo o que fazemos, em todos os momentos, independentemente da idade, é crucial para a felicidade. E ser feliz permite que tenhamos alegria em tudo.

Meu método predileto para desenvolver esse senso de propósito é fazer o Teste da Paixão. Ele permite que você perceba o que torna a sua alma feliz.

A maioria das pessoas está muito envolvida nos afazeres do cotidiano para prestar atenção ao que seu coração e sua alma lhes dizem. E essa é a fórmula mágica para saber quais são suas paixões: descobrir o que faz o seu coração feliz. O que faz você se sentir pleno. O que deixa sua alma alegre.

Depois, observe os sinais que o Universo dá. Porque há sempre sincronias e sinais capazes de nos guiar e de nos ajudar a ver como podemos viver mais de acordo com nossas paixões.

O mais importante é escutar o próprio coração, prestar atenção à sua fonte interior de sabedoria e à sua consciência, em vez de ouvir o que sua mente diz. A mente nos diz o que achamos que devemos fazer, o que precisamos fazer, o que todo mundo espera que façamos. Mas, se você ouvir atentamente a voz do coração, saberá o que a sua alma quer. Dessa forma, você se sente feliz sem motivo e vive as suas paixões.

O amor é a força mais poderosa do Universo. Nada é mais poderoso do que o amor. Se você deixar que o amor guie suas respostas, seu propósito e sua vida, experimentará um estado de profunda felicidade, pura verdade, pura alegria."

Quais foram as lições mais importantes dessa entrevista que fala de viver a própria paixão?

1. Todos nós viemos da mesma fonte, e essa fonte é pura alegria, puro amor, pura felicidade.

2. Quando vivemos de acordo com nossas paixões, estamos de acordo com nossa alma e nosso destino. É isso o que gera felicidade.
3. Existe um estado que pode ser descrito como "feliz sem motivo". É um estado neurofisiológico de paz e bem-estar.
4. A felicidade deixa pistas. As pessoas realmente felizes têm características-chave similares.
5. As pessoas realmente felizes têm um forte senso de confiança de que o Universo e a vida se manifestam exatamente como devem.
6. As pessoas realmente felizes buscam a dádiva em tudo o que acontece.
7. Quando as pessoas se sentem profundamente felizes, elas levam senso de propósito aonde quer que vão, quaisquer que sejam as circunstâncias em que se encontrem.
8. Existe uma fórmula mágica para saber quais são suas paixões: o que deixa seu coração feliz? O que faz você se sentir pleno? O que traz alegria à sua alma?
9. A coisa mais importante a fazer é ouvir seu coração. Ouça o que tem a dizer a fonte da sua sabedoria e da sua consciência interior, em vez de ouvir o que diz sua mente.
10. Quando você deixa que o amor guie a sua vida, ela só pode ser uma vida de felicidade pura, verdade pura, amor puro.

CAPÍTULO QUATORZE

No fundo somos um só

> Você não está aqui apenas para ganhar seu sustento. Está aqui para permitir que o mundo viva de maneira mais ampla, com uma visão mais ampla, com um espírito de esperança e realização melhor. Está aqui para enriquecer o mundo, e você se empobrece ao esquecer essa mensagem.
>
> – WOODROW WILSON

"Meu nome é Nicole Wild. Como diretora executiva da Women's Alliance, entidade nacional dedicada a ajudar mulheres de baixa renda, há 10 anos exerço minha paixão trabalhando com mulheres carentes.

Trabalho com Linda Peterson, co-proprietária da Peterson's Harley-Davidson, procurando transformar a vida das mulheres que moram na rua. Juntas, criamos o movimento O Poder atrás da Paixão.

A descoberta do Teste da Paixão foi um marco em nossas vidas. Linda fez o teste e ficou maravilhada ao constatar o quanto ele a ajudou a ver com clareza o que era mais importante para ela. Percebeu também como ele poderia ajudar nossas mulheres sem lar a terem um novo começo de vida. Convidou

Janet para dar uma palestra em nosso encontro anual para 200 moradoras de rua. Pediu também 200 cópias autografadas do livro *O Teste da Paixão*. Vinte e quatro horas depois veio a resposta de Janet: 'Vou, com o maior prazer!'

O evento foi um grande sucesso, mas sabíamos que ainda precisávamos de uma terceira pessoa para formar nossa equipe do movimento O Poder atrás da Paixão. Procurei Thomas Cook, um verdadeiro furacão para criar alianças estratégicas e contatos de trabalho. Como Linda e eu, ele também se sentia imbuído da missão de ajudar os outros.

Em junho de 2006 formamos com Thomas a equipe do movimento. Estávamos convictos do desejo que nos unia: transformar positivamente o mundo em que vivemos. Não sabíamos ainda, porém, aonde nosso projeto nos levaria.

Na madrugada do dia 31 de julho, enquanto ninava minha filha, veio a primeira idéia para levantar fundos para a Women's Alliance. A partir daí as doações se multiplicaram, e nossa equipe organizou uma Corrida da Paixão para divulgar nosso projeto. Em 31 de março de 2007 conseguimos atrair um grupo de 100 motociclistas da Harley-Davidson, e, com um grupo de 16 policiais liderando o caminho, orgulhosamente passeamos pela cidade de Miami, acenando e sorrindo para as pessoas. Janet participou do passeio e mais uma vez pôde testemunhar o verdadeiro espírito do Teste da Paixão.

Percebemos que tudo é possível. Basta que você saiba com clareza o que deseja para que tal coisa se manifeste em sua vida. O Teste da Paixão abriu para nós uma porta que nunca vai se fechar.

Nosso projeto está tomando uma dimensão cada vez maior. Agora estamos nos preparando para lançar a campanha nacional Você é Um em Um Milhão, com o objetivo de vender, por um dólar, um milhão de rifas para a motocicleta Tigertail.

Queremos provar o que o Teste da Paixão nos mostrou: todas as coisas são possíveis se realizadas com paixão e propósito."

É o pensamento de que existimos isolados do mundo e das pessoas ao nosso redor que dá origem ao medo e ao sofrimento. Quando tomamos consciência de que essa sensação de separação é falsa, um novo horizonte de possibilidades se abre, como descobriram Nicole, Linda e Thomas. Veja os milagres que a equipe do movimento O Poder atrás da Paixão está criando ao ajudar as pessoas a se unirem, acessando o site

www.thepassiontest.com/powerbehindthepassion.com

Depois comece a pensar nos milagres que você pode criar em sua própria vida.

Viajando pela estrada cósmica

Suas paixões são como pistas que o levam a descobrir quem realmente é. Você pode fazer o Teste da Paixão quantas vezes achar necessário, até mesmo com intervalos de poucos dias ou semanas. Faça-o no mínimo a cada seis meses. Você verá que sempre descobre mais a respeito de si mesmo.

Quando você identifica aquilo que mais ama, aquilo com que mais se importa, você aprende algo a respeito de si mesmo. E, à medida que vive com a intenção de fazer escolhas em favor dessas paixões, você passa a se conhecer mais.

Às vezes vai ser fácil escolher a favor de suas paixões. Às vezes será mais difícil. Às vezes nossas paixões mudam muito, e de maneira muito rápida, como aconteceu quando Janet descobriu que sua madrasta estava com uma doença terminal.

O importante é que você vai aprender mais a respeito de si mesmo. É por isso que lhe pedimos para fazer o Teste da Paixão a cada seis meses. Mas sempre que descobrir que não consegue fazer uma escolha em favor das cinco paixões que determinou é sinal de que está na hora de repetir o Teste. Por quê? Porque significa que está existindo uma paixão mais forte do que as que você escreveu.

Às vezes a mente nos engana. Anotamos algo e acreditamos sinceramente que aquilo é o mais importante para nós. Mas são nossas ações que revelam a verdade.

Então, se em algum momento você tiver que escolher algo que não esteja entre suas paixões ou que não as favoreça, preste atenção. Faça o teste novamente, prestando atenção àquilo que você escolhe. Seja o que for, é isso o que é realmente importante para você, pelo menos nesse momento.

Você escolhe coisas que não são as mais importantes porque está preso a alguma falsa crença, a um falso conceito ou a uma falsa idéia. Investigue o que é realmente verdadeiro para você e volte a escolher a favor de suas paixões.

Talvez algumas pessoas perguntem: será que sempre escolher a favor dos próprios desejos não é horrivelmente egoísta? E quanto ao que as outras pessoas querem ou precisam?

Nós sempre afirmamos: "Quando você faz o que é melhor para si mesmo, o que lhe traz maior felicidade, todo mundo sai ganhando!" Pense a respeito.

Não faz muito tempo, durante uma palestra de Janet, uma mulher ergueu a mão:

– Como posso fazer escolhas em favor das minhas paixões quando ainda tenho filhos em casa?

Janet perguntou:

– Qual é a sua paixão?

A mulher respondeu:

– Eu quero começar a trabalhar com moda.

Janet voltou a perguntar:

– Você se sente frustrada em casa quando pensa que não consegue viver sua paixão?

A mulher respondeu:

– Sim, o tempo todo.

Nova pergunta:

– Você sente raiva de seus filhos ou do seu marido porque se sente presa e frustrada?

– Sim.

– Então me diga o que é melhor: achar um ótimo emprego de meio expediente no mundo da moda e passar algum tempo com as crianças ou deixar as coisas como estão? Que mensagem você está passando para seus filhos ao deixar de fazer o que a torna feliz? O fato de ter esse desejo intenso significa que você deve realizá-lo. Você percebe como isso pode fazê-la mais feliz, acabar com a sua frustração e criar uma vida mais amorosa em sua família?

Naquele momento fez-se a luz. A mulher conseguiu ver que era possível viver suas paixões e cuidar de seus filhos ao mesmo tempo.

Você não precisa saber "o como". Você só precisa ter claro "o que".

Para a maioria das mães, os filhos e a família estão entre as principais paixões. Mas, quando uma mãe deseja muito alguma outra coisa, existe um motivo. Enquanto se esforçar e lutar para fazer aquilo que considera mais "altruísta", como aquela mulher fazia, você se sentirá mal, uma vítima infeliz, e não conseguirá dar amor pleno aos seus entes queridos.

Quando você se sente feliz e realizado com sua própria vida, o copo está cheio, e não pela metade, e é mais fácil e natural ser generoso com os outros.

Tudo o que estamos pedindo é que você fique aberto e receptivo, que tenha claro o que escolhe criar em sua vida e que preste atenção a essas coisas. Deixe que o Universo organize "o como".

A vida existe para a nossa alegria. Seguir o caminho do que você ama significa abandonar seus falsos conceitos sobre o que é melhor e confiar que você está sendo guiado em direção àquilo que é melhor não apenas para você, mas para todos.

Para onde a estrada cósmica está nos levando?

À medida que você passa a se conhecer mais profundamente, suas paixões mudam cada vez menos com o tempo. Você descobrirá que elas podem ser expressas de diversas formas e que todas descrevem a maneira como escolheu viver.

Por que, com o passar do tempo, suas paixões mudam com menor freqüência? Porque, quanto mais fundo vai em qualquer aspecto da sua vida, melhor você se conecta aos princípios universais que são mais estáveis e imutáveis. A superfície da vida está sempre mudando, mas suas profundezas muito pouco, se é que mudam.

Nossos amigos Stewart Emery, Mark Thompson e Jerry Porras, em seu livro *Sucesso feito para durar*, investigaram o que leva ao sucesso duradouro. As pessoas que o experimentaram aprenderam algo que expressa alguns princípios fundamentais que todos podemos aplicar em nossas próprias vidas.

Esses autores entrevistaram mais de 300 pessoas que tiveram sucesso em seus campos de atuação por 20 anos ou mais. A característica comum entre elas é que todas desenvolveram o hábito de escolher em favor das coisas que possuem maior significado para suas vidas. Como dizemos, elas desenvolveram o hábito de escolher a favor de suas paixões.

Vamos repetir: descobrir o que dá significado à sua vida e identificar suas principais paixões é um processo. Para isso nós lhe oferecemos o Teste da Paixão como uma ferramenta útil para identificar suas paixões essenciais. Lembra-se da história do pai de Marci Shimoff, que, ao se aposentar, escolheu continuar a fazer o que mais amava? Ser dentista não era sua principal paixão, mas uma forma de exercê-la. Então ele precisou ir mais fundo para descobrir que o que adorava na odontologia era a capacidade de fazer um trabalho altamente especializado e hábil com as mãos.

O pai de Marci foi bastante criativo ao se dar conta de que podia expressar a mesma paixão de maneira totalmente diferente e passar a bordar. Felizmente, ele não tinha a falsa crença de que bordar é uma atividade exclusivamente feminina. Assim, esse homem viveu os últimos anos de sua longa vida feliz, realizado e continuando a fazer o que amava, de forma totalmente diversa.

Pedimos que você simplesmente faça o Teste sem se preocupar se suas paixões são profundas ou não nem se descobriu suas paixões "principais". Apenas repita o Teste com regularidade e faça escolhas a favor das suas paixões. As principais virão naturalmente à tona.

Estamos todos na mesma estrada

Atualmente os físicos dizem que no nível mais profundo da Natureza as diferenças que percebemos com nossos sentidos deixam de existir. Nesse nível mais profundo existe um campo da vida unificado do qual surgem toda a diversidade e as mudanças que percebemos.

Há físicos quânticos hoje em dia que afirmam que esse campo unificado na base do mundo físico é, na verdade, um campo de consciência que está no processo de conhecer a si mesmo por meio de cada uma das nossas vidas individuais. Somos expressões dessa consciência fundamental quando passamos a conhecer nossa própria natureza. Quanto mais próximo você estiver da sua verdadeira natureza, mais alegria experimentará.

Ao descobrir seus dons únicos e seus talentos especiais, as paixões que você sente profundamente o levam a realizações cada vez mais profundas, e estas lhe trazem uma satisfação cada vez maior. Logo você descobre que este é o propósito da vida: experimentar uma alegria crescente. É por isso que afirmamos: "Para você, aquilo que ama e a vontade de Deus são a mesma coisa." A vontade de Deus é que você tenha cada vez mais alegria.

Isso é verdade, quer você acredite em Deus ou não. Quanto mais viver de acordo com o que ama, mais alegria a estrutura das leis da Natureza lhe proporcionará.

Quando você presta atenção às mensagens do Sistema de Orientação da Natureza, agindo quando sente que o seu eu se expande, e parando, fazendo uma pausa ou refletindo quando sente que o seu eu se contrai, descobre que a sua vida caminha para uma satisfação pessoal cada vez maior.

Devido à interligação total que existe entre todas as formas de vida, quanto mais você entrar em contato com as suas paixões, mais descobrirá que sente alegria ao se doar aos outros, ao servir-lhes. Ao servir aos outros, você na verdade está servindo a si mesmo.

Primeiro você descobrirá o quanto é único e especial. Você irá desvendar as características que fazem de você a pessoa mais apta a doar seus dons específicos. Perceberá então que ninguém pode fazer o que você faz tão bem quanto você.

À medida que tomar mais consciência disso, descobrirá a profunda alegria que vem de poder se doar ao mundo. E ficará surpreso ao constatar o quanto o seu mundo parece se organizar de maneira quase mágica para permitir que você propague seus dons de maneiras que mal consegue imaginar no momento.

Mas não pense que o processo de descoberta vai ser fácil. Aprender a confiar na benevolência do Universo e que tudo está sendo organizado perfeitamente para você é um grande passo. Chegar ao nível de confiança necessário para seguir seu próprio guia interior não é algo que surja facilmente.

Eis aqui um exemplo de como Janet passou por isso, à medida que entrou cada vez mais profundamente em contato com sua própria natureza:

> "Voltando para os Estados Unidos, depois da minha experiência na Índia, sem conseguir dormir, peguei meu kit de fazer bijuteria e comecei a trabalhar no avião.
>
> Sou bastante hábil em fazer belas pulseiras, brincos e colares de pérolas, e descobri que as comissárias de bordo são excelentes clientes. Eu conseguia facilmente ganhar de 200 a 400 dólares durante o vôo.
>
> Enquanto eu criava uma pulseira de pérolas no trajeto de Bangalore até Amsterdã, uma mulher indiana bastante

gorda passou por mim. Ao ver todas aquelas contas no meu colo, ela parou e ficou observando o trabalho. Depois de algum tempo, contou-me que estava a caminho de uma palestra na ONU a respeito da repressão das mulheres na Índia.

Encantada com a missão dela, convidei-a para sentar-se ao meu lado. Ruth apresentou-se e pediu-me para ensinar-lhe a fazer pulseiras para suas duas filhas. Contou que coordenava uma organização de mais de 26 mil mulheres em Bangalore, na Índia. A organização fora criada com o único propósito de oferecer apoio a mulheres que sofreram algum tipo de repressão.

– A perseguição das mulheres na Índia é desenfreada. Os homens as espancam, as estupram, casam-se com elas por causa do dote e depois as abandonam – disse ela.

Ao chegarmos a Amsterdã, já éramos amigas.

Enquanto nos despedíamos, Ruth perguntou:

– Janet, será que mulheres pobres podem aprender a fazer bijuterias e ganhar dinheiro com isso?

– Por que não? – respondi.

Ela se animou:

– Será que você não gostaria de voltar algum dia à Índia para ensinar moças pobres a fazer jóias?

– É claro! Seria um honra!

Ruth e eu nos abraçamos e prometemos manter contato.

Quando voltei para os Estados Unidos, eu ainda tinha duas semanas de férias e nenhum plano em mente. Faltava uma semana e meia para o Natal e, por algum motivo estranho, eu não sentia nenhum espírito natalino.

O pedido de Ruth me acompanhava de tal forma que, no quinto dia depois da chegada, comprei uma passagem de volta para a Índia.

Só no momento de embarcar me dei conta da situação. Estava voltando para a Índia sem ter recebido uma resposta do e-mail que mandara para Ruth dizendo que estava a caminho da Índia. Um arrepio de medo percorreu meu corpo. Era Natal e eu viajava totalmente sozinha, para a Índia, onde eu não tinha amigos próximos com quem passar o Natal. Eu me senti totalmente vulnerável e sozinha.

Estupefata com a minha impulsividade, comecei a chorar incontrolavelmente. O vôo já estava sendo anunciado quando liguei para minha amiga Radhika, com quem eu falara a respeito da minha repentina aventura.

– Radhika, onde eu estava com a cabeça? Será que fiquei louca? Não recebi notícias de Ruth e cá estou eu voltando para a Índia. E isso não é tudo: o pior é que paguei caro por essa passagem. Deus do céu, Ruth pode muito bem ainda estar nos Estados Unidos.

Fiz uma pausa, respirei fundo e disse, convicta:

– Estou ligando para dizer que não vou mais para a Índia. Vou voltar para casa imediatamente.

Numa voz lenta, calma e plácida, Radhika disse:

– Jani, entre nesse avião. A força está com você. Entre no avião. Vai tudo dar certo. Eu sei.

– Você tem certeza? – choraminguei, morrendo de medo de fazer a escolha errada.

– Cem por cento – disse ela.

Ainda bastante desconfiada, me despedi de Radhika e embarquei.

Quando cheguei a Amsterdã, fui até o centro comercial para ver se Ruth já tinha respondido meu e-mail. Minhas mãos tremiam quando a mensagem pulou magicamente na tela.

'Ótimo!', dizia ela. 'Vou pegar você no aeroporto e reunir 20 moças de rua para você ensiná-las a fazer jóias a partir do dia seguinte. Que Deus a abençoe, Jani. Com carinho, Ruth.'

Ruth cumpriu sua palavra. Sentada no chão sujo, num calor abafado, passei a semana inteira ensinando as moças a fazer jóias. Eu não falava hindu nem elas o inglês, mas logo aprendi que a linguagem dos sinais era universal e, embora a comunicação fosse lenta, começamos a nos entender.

À medida que os dias passavam, percebi que as moças usavam sempre as mesmas roupas puídas.

– Essas roupas são tudo o que elas têm, Janet. E o pior é que elas moram em barracos feitos de papelão, perto da estrada – disse Ruth. – No verão, dormem perto da estrada, porque o som dos carros afasta os ratos. Se ficam dentro dos barracos, os ratos mordem seus pés enquanto estão dormindo.

Ruth me contou outras histórias terríveis sobre como os pais as estupravam e as forçavam a mendigar sob o sol escaldante, de 10 a 13 horas seguidas. Fui me sentindo cada vez mais humilde perante a força interior indestrutível e a coragem permanente daquelas moças.

Quando eu olhava ao redor da sala, eu as via combinando contas e rindo enquanto faziam as peças de jóias. Eu sabia que aquela era uma das ocasiões mais felizes de suas vidas até o momento.

Finalmente, quando a semana chegou ao fim, as moças já eram especialistas em fazer jóias. O talento delas me impressionou de tal forma que resolvi fazer uma cerimônia de graduação.

Quando cada uma se aproximou de mim para despedir-se, comecei a chorar. Para aquele momento especial, Ruth havia lhes ensinado algumas palavras em inglês.

– Obrigada, Janima – elas diziam, com lágrimas nos olhos. – Nós te amamos, Janima. Nós te amamos – todas repetiam.

Olhando dentro daqueles belos olhos inocentes, eu me sentia muito emocionada. Abracei cada uma efusivamente.

– Nunca desista – eu sussurrava. – Não se esqueçam de que eu amo vocês.

Embora não compreendessem todas as minhas palavras, elas choravam. De alguma maneira, durante aquela semana, transcendemos a barreira da língua e adotamos a linguagem universal do coração.

Naquele momento eu percebi o quanto havia ganhado com tudo aquilo. Cada sorriso, cada olhar, cada momento com aquelas moças era um presente de Deus para mim. Meu coração explodia em enormes ondas de gratidão por aquela oportunidade incrível de servir a outras pessoas.

Ao encaminhar-me para embarcar de volta fui invadida por uma profunda paz interior que nunca sentira antes. E, enquanto continuava a andar, ouvi as palavras de Rhadika ecoando dentro de mim: 'A força está com você.'"

A força *está* com você. Tanto os desafios como as realizações da sua vida existem para que você se conheça. São guias que o fazem realizar seu propósito e levar a vida gratificante a que está destinado.

Sob a orientação da filha de Ruth, as moças continuaram seu aprendizado durante os dois anos seguintes, fazendo jóias e ganhando dinheiro com as vendas para os Estados Unidos.

Nossas lições finais vêm de um dos mais eminentes físicos quânticos da atualidade. Foi a física quântica que finalmente nos mostrou que, no fundo, estamos todos unidos. A diversidade e a aparente solidez do nosso mundo físico são ilusões. Num nível mais fundamental, para além da estrutura molecular e atômica da matéria física, a energia e a matéria estão unidas.

É por isso que sentimos cada vez mais alegria ao descobrir aquilo que nos une, porque assim estamos descobrindo níveis mais profundos da verdade.

Dr. John Hagelin

O Dr. John Hagelin é autoridade mundial na área das teorias do campo quântico unificado. Suas contribuições científicas nas áreas da física de partículas e da cosmologia incluem algumas das obras mais citadas no âmbito da física.

Como diretor do Intitute of Science, Technology and Public Policy, o Dr. Hagelin tem tido sucesso ao liderar vários cientistas a nível nacional para identificar, verificar cientificamente e promover soluções efetivas para problemas sociais críticos nas áreas do crime, saúde, educação, economia, energia e meio ambiente.

Pedimos ao Dr. Hagelin para falar sobre suas paixões e também sobre a relação entre paixão, consciência e o campo unificado que está por trás do nosso Universo. As principais lições que nos traz sua entrevista são as seguintes:

1. A natureza central da vida é progredir e evoluir em direção à plena realização.
2. Quando progredimos e evoluimos, temos alegria, energia, vitalidade e saúde.
3. As atividades que nos fazem crescer em termos de conhecimento, poder e realização são as que nos trazem alegria.
4. Nós nos sentimos apaixonados por alguma coisa quando ela nos traz alegria, porque essa atividade é um caminho de evolução e crescimento para nós.
5. Se você não se sentir apaixonado por uma atividade, ela não fará com que você cresça e evolua.
6. A paixão é algo que nasce do sucesso e do progresso que vêm com o sucesso.
7. A busca da paixão é algo tão básico à vida que, se não estivermos em busca de nossas paixões, não nos sentiremos felizes e não conseguiremos continuar nessa direção por muito tempo.

8. Temos controle sobre o que pode se tornar uma paixão para nós dentro das nossas predisposições básicas e carga genética. Você pode cultivar um interesse por algo ou desenvolver um talento em uma área que permite que tenha sucesso. Essa área se tornará cada vez mais uma paixão.
9. A maior liberdade humana é a que temos sobre aquilo em que concentramos nossa atenção. Essa área se torna algo mais central e importante em nossas vidas.
10. Nosso mais profundo senso de responsabilidade pode fazer com que cultivemos paixões totalmente novas.
11. Não há limite para o potencial humano e não há limite para aquilo que podemos realizar sem esforço. O segredo é alinhar a inteligência humana com a inteligência vasta e organizadora da Natureza.
12. Ao alinhar nossos desejos com o fluxo evolutivo da inteligência universal, qualquer impulso de pensamento pode alcançar um enorme sucesso. O alinhamento da inteligência individual com a inteligência da Natureza é o que chamamos de iluminação.

Epílogo

Como mencionamos no começo do livro, nós, os autores, levamos mais de 30 anos para organizar nossas vidas de acordo com nossas paixões. Foi uma verdadeira viagem, e será sem dúvida para você também.

Algumas vezes ficamos em alinhamento perfeito com nossas paixões, em outras saímos do caminho. O que ficou claro é que viver de acordo com nossas paixões leva a uma vida de alegria, plenitude e encanto. Quando nos afastávamos do nosso caminho, ficávamos infelizes.

Com o tempo, descobrimos que é essencial ter apoio. Por mais que quiséssemos escolher a favor de nossas paixões, às vezes velhas crenças e conceitos surgiam e nos amedrontavam. Se não fossem nossos mestres e mentores, não teríamos as vidas extraordinárias que desfrutamos hoje.

Então pedimos que você busque ajuda e apoio. Nenhuma pessoa de sucesso conseguiu chegar sozinha aonde queria. Busque recursos, mentores e mestres que possam ajudá-lo a ter a vida que você merece. Existem práticas, mestres e muitos livros que podem ajudá-lo. Procure-os. Tome a decisão de estar aberto ao aprendizado e de receber ajuda. Isso fará toda a diferença.

E, acima de tudo, faça o Teste da Paixão regularmente e desfrute sua jornada pela estrada cósmica. Volte a essa página caso precise e faça uma consulta rápida ao manual da sua jornada:

Descobrindo as dádivas – Quando você concentra sua atenção nas coisas boas da sua vida, cria mais coisas boas. Ao descobrir as dádivas em cada momento, em cada situação, em cada pessoa que você encontra, sua vida se enche de bênçãos.

Dê aquilo que você quer receber – A maneira de ter felicidade é dar aquilo que você quer receber. Num plano relativo, a vida é como um espelho. Você receberá tudo o que der e fizer.

A ação engaja a atenção – Não é através da ação que você atinge o resultado. As coisas quase sempre não acontecem como planejamos. Mas, ao agir, mantemos a atenção focada em realizar nossa intenção. É a nossa atenção que cria o resultado.

O Sistema de Orientação da Natureza – A Natureza nos guia em todos os passos quando estamos abertos a suas mensagens. Quando se sentir expandido, aja, vá adiante e usufrua o processo da realização de seus objetivos. Ao se sentir contraído, pare, faça uma pausa, descanse, reflita e usufrua o processo de voltar ao seu eu.

Entregue-se – O que posso fazer hoje para renunciar ao cargo de diretor-geral do Universo? Coisas fantásticas acontecem quando você se entrega.

Velejar quando o mar está calmo – A sincronia é tudo. Ao iniciar uma jornada, é bom verificar antes a previsão do tempo. Quando você começar uma nova fase importante na sua vida, é bom verificar o que diz o Jyotish sobre a época mais favorável.

O fracasso não é uma opção – Quando você vive de acordo com suas paixões, nada irá impedi-lo.

Três obstáculos no caminho – Há somente três obstáculos a uma vida apaixonada: falsas crenças, falsos conceitos e falsas idéias.

Quando briga com a realidade, você perde, sempre. Ao descobrir que está escolhendo a favor de algo que não é o mais importante para você, investigue melhor o seu raciocínio. A Obra de Byron Katie é uma das ferramentas mais poderosas que descobrimos para nos desfazer de crenças que nos limitam.

Nada de tensão – Agir quando estamos no estado de Nenhuma tensão é a chave para uma ação que produza resultados poderosos. Nenhuma tensão é o estado interior de serenidade, de calma. Quando a mente está calma, a inspiração vem naturalmente.

Ajude os outros a ajudarem você – Para ter tudo o que você deseja, ajude os outros a obterem o que eles desejam em suas vidas.

A velocidade da confiança – Confiança é algo fundamental para uma vida cheia de paixão – confiar que vivemos num Universo benevolente e confiar no nosso relacionamento com outras pessoas. Quando existe confiança nos relacionamentos, tudo acontece realmente de maneira rápida e com custos infinitamente menores.

A felicidade está sempre presente – Na nossa fonte original estamos plenos. Ao ficarmos presos a falsas crenças ou idéias deixamos de sentir a felicidade que está sempre presente. Mergulhe na dor, experimente-a por completo, e você redescobrirá a felicidade.

Siga as pistas da trilha – Suas paixões levam você a descobrir quem realmente é. Faça o Teste da Paixão sempre que desejar, pelo menos a cada seis meses. A cada vez você descobrirá mais a respeito de si mesmo.

Sucesso duradouro – À medida que você tem maior clareza a respeito daquilo que realmente importa, suas paixões mudam cada vez menos. Elas podem ser realizadas de formas muito diferentes. Continue a fazer o Teste da Paixão com freqüência, escolha com convicção a favor de suas paixões, e as principais surgirão naturalmente.

No fundo somos um só – No nível mais profundo, estamos todos conectados. Quanto mais você se conecta às suas paixões, mais profundamente consegue se conectar aos outros.

Em tudo o que fizer, lembre-se do poder e da força do amor. Aquilo que mais ama – as coisas que chamamos de paixões – exerce uma irresístivel força de atração para que você realize seu destino.

Para terminar, deixamos este pensamento para você:

A paixão nasce do amor.
O amor é a perfeição do divino em nós.
O amor vive, respira,
se expressa através de nós
e nos preenche com o fogo da paixão.
A satisfação plena surge do amor
e por meio do amor.
Vivamos, então, apaixonados,
simplesmente em nome do amor.
Vivamos apaixonados
e partilhemos nosso amor
a serviço de um destino comum.
Deixemos que a paixão surja de nós como amor
para servir à humanidade.

Agradecimentos

Muitas pessoas nos ajudaram a tornar este livro possível. Nossos parceiros da *Healthy Wealthy nWise,* Ric e Liz Thompson, obrigado por sua amizade.

Mark Victor Hansen e Robert G. Allen, obrigado por serem como são. Vocês nos mostraram que a porta que leva à Liberdade é muito divertida.

Harv Eker, Jack Canfield, Paul Scheele, Pete Bisonnette, Bill Harris, Michael Beckwith, Byron Katie, Jay Abraham, Pankaj e Smita Naran, Bill Bauman e Tom Painter – somos muito gratos pela amizade e pela generosidade de vocês em partilhar conosco seu conhecimento, sua experiência e sua sabedoria.

Marci Shimoff, você foi uma amiga e conselheira extraordinária. Seu amor e seus conselhos foram indispensáveis.

Bill Levacy, obrigado por dar clareza às palavras "intenção, atenção e nenhuma tensão".

Sylva Dvorak, Pat Burns e Melony Malouf, obrigado por serem os melhores amigos – sempre disponíveis, prontos para nos apoiar quando precisamos.

Bonnie Solow, você é a melhor agente do mundo. Obrigado por ser uma ótima amiga, por nos incentivar e por representar os nossos interesses com tanta integridade.

Chris Strodder, obrigado por sua paciência para ler e reler tantas vezes a versão original deste livro. Suas sugestões, perguntas e comentários enriqueceram muito mais a versão final.

Liz Howard, obrigado por conceber a edição original deste livro em tempo recorde. George Foster, é uma delícia trabalhar e rir com você.

Agradecimentos de Janet: Sinto-me muito grata a todos os grandes Mestres que abriram seus corações e mentes, e muitas vezes seus lares, para que eu pudesse realizar minhas paixões e partilhar sua sabedoria com tantas pessoas.

Para o meu grupo de Anjos, Mo, Sue, Suzanne, Cindy, Tony, Jerrie, Deb Sue e Sandy, obrigada por torcerem por mim!

Mickey e Johnny: vocês são uma bênção em minha vida. É fantástico saber que, o que quer que aconteça, vocês sempre estarão ao meu lado.

Christian Seaton e Sandy Magram, obrigada por serem os melhores amigos que eu poderia desejar. Radhika Schwartz, Martin Gluckman e Krishna, obrigada por me apontarem o caminho que levava às pessoas mais sábias do planeta.

Martin, sinto-me muito grata por você ter viajado comigo em diversos pontos de minha jornada. Juliann Jannus, obrigada por ter dado o pontapé inicial na minha carreira com filmes.

Debra Sue Poneman, obrigada pela inspiração, por sua sabedoria e por fazer o mundo da transformação pessoal parecer tão divertido!

Para Ashoklal, Bindu, Krishna e Devu, Kannan, Amita e o resto da minha família indiana, obrigada por fazerem de tudo para que eu tivesse um lar longe de casa.

Chris... nós passamos por tanta coisa juntos! Obrigada por sua capacidade de trazer à tona o melhor em todos ao seu redor.

Para meus queridos pais e para a querida Margie, sei que devo a vocês quem sou. Obrigada por isso.

Agradecimentos de Chris: Minha querida Doe, é uma bênção ter você em minha vida. Obrigado por sua paciência nas noites prolongadas, nas madrugadas e em todos os fins de semana que levei para terminar este livro.

Mamãe e Erich, obrigado pelo seu amor. Mãe, obrigado por sempre me encorajar a seguir o meu próprio caminho.

Pai, obrigado por me fazer sentir tão amado e por me mostrar o que é a coragem.

Rolf e Renee Erickson, vocês são amigos fantásticos. Obrigado por suas excelentes críticas. Bob e Patricia Oates, sinto-me muito grato a vocês dois. Bob e Rolf, obrigado por partilharem suas aventuras para que eu pudesse ter uma idéia do que é viver a vida apaixonadamente.

Mark Shoenfeld, obrigado por sua amizade e por me fazer lembrar do que é verdadeiro. Para todos os meus amigos do Purusha Program, nos EUA, na Europa e nos Himalaias, obrigado por sua dedicação.

E Janet, você é uma mestra notável. É inacreditável saber que existe alguém com quem sempre poderei contar para o que for preciso.

E, finalmente, em nome de nós dois, queremos dizer que não temos palavras para expressar nossa gratidão a Sua Santidade Maharishi Mahesh Yogi por nos dar a experiência e a compreensão da natureza fundamental da realidade. Nós nos sentimos profundamente abençoados.

Sobre os autores

Janet Bray Attwood é especialista em comunicação. Janet recebeu a chave da cidade de Miami e foi indicada para o President's Volunteer Service Award por seu trabalho com mulheres carentes.

Chris Attwood estuda há 35 anos o campo da consciência humana. Nos últimos 30 anos ele foi presidente, chefe de operações, gerente-geral e diretor executivo de dez empresas. Ele vendeu milhões de dólares em consultoria e treinamento para organizações como Dell Computer, Royal Bank of Canada, Sprint, Ford Motor Company e Mellon Bank, entre outras.

Para saber mais sobre o trabalho dos autores, aprofundar seus conhecimentos sobre os assuntos abordados neste livro e fazer a versão online do Teste da Paixão, acesse o site *www.thepassiontest.com.*

Você também pode visitar *www.healthywealthynwise.com/interview* para ler artigos e ouvir entrevistas com pessoas importantes, como Stephen R. Covey, Willie Nelson, David Lynch, Byron Katie, Barbara DeAngelis, Stedman Graham, John Gray, Rhonda Byrne, T. Harv Eker, Neale Donald Walsch.

Informações sobre os próximos lançamentos

Para receber informações sobre os lançamentos da EDITORA SEXTANTE, basta cadastrar-se diretamente no site www.sextante.com.br

Para saber mais sobre nossos títulos e autores, e enviar seus comentários sobre este livro, visite o nosso site www.sextante.com.br ou mande um e-mail para atendimento@esextante.com.br

EDITORA SEXTANTE
Rua Voluntários da Pátria, 45 / 1.404 – Botafogo
Rio de Janeiro – RJ – 22270-000 – Brasil
Telefone (21) 2286-9944 – Fax (21) 2286-9244
E-mail: atendimento@esextante.com.br